Claudia Bentzien

Das Imkerbuch für Kids

KOSMOS

Sommer 61

Die Bienen waren fleißig und du auch, nun kannst du den Honig ernten. Danach werden die Bienen gefüttert und gegen Varroamilben behandelt.

Herbst 78

Die Tage werden kürzer, die Bienen bereiten sich auf den Winter vor. Jetzt machst du die Bienenstöcke winterfest.

Winter 84

Die Bienen haltern Winterruhe – der Imker auch. Jetzt kannst du Pläne für das nächste Jahr schmieden oder Kerzen basteln.

Mach mit!

Auf diesen besonderen roten Seiten gibt es viel zu entdecken. Hier findest du spannende Informationen und Anleitungen für wichtige Arbeitsschritte.

Komm, mach mit!

Dieses Buch weiht dich in die Geheimnisse der Bienen und des Imkerhandwerks ein – es ist einfacher, als du denkst, und viel spannender, als du glaubst.

▶ **Herzlich willkommen**

Ich freue mich sehr, dass du dich für Bienen interessierst. Du bist etwas ganz besonderes – denn im Gegensatz zu vielen anderen Kids hast du keine Angst vor Bienen. Und das ist schon ziemlich cool! Wie hat es denn mit dir und den Bienen angefangen? Das kannst du mir gerne schreiben, wenn du magst – da bin ich echt neugierig. Meine Emailadresse findest du hinten im Buch (Seite 93).

▶ **So wurde ich Imkerin**

Ich erzähle dir kurz meine Geschichte: Schon als kleines Mädchen mochte ich Bienen, Hummeln und Wespen. Ihr Summen und Brummen zog mich magisch an. Ganz oft habe ich auch die flauschigen Hummeln in den Blüten gestreichelt. Richtig in ein Bienenvolk hineingeschaut habe ich aber erst mit 17. Ich bin dem Imker in meinem Dorf einfach so lange auf die Nerven gegangen, bis er „ja" sagte. Was für ein Erlebnis: Ich war total fasziniert, als er den Deckel des Bienenvolkes öffnete: Es roch süß und würzig zugleich, die Bienen summten, brausten und rauschten und ich bekam

▼ *Das bin ich. Ich imkere seit ich 17 bin. Und wie ist das bei dir? Schreib mir, wenn du magst! .*

▼ *Genau das fasziniert mich: Ich öffne den ganz friedlich oben auf den Rähmchen sitzen*

am ganzen Körper Gänsehaut. Der Imker zog die einzelnen Waben und zeigte mir den Unterschied zwischen den Arbeitsbienen, den Drohnen und der Königin. Ich bestaunte die winzigen Eier, die Bienenbrut, die Honig- und Pollenvorräte. Ich beobachtete, welche Arbeiten die Bienen auf den Waben verrichteten und wie sie ihre Schwänzeltänze ausführten. Das Größte überhaupt war, den Honig direkt aus der Wabe zu probieren. Ich war total begeistert!

Kurze Zeit später bekam ich dann meine ersten drei eigenen Bienenvölker. So wurde ich Imkerin – und bin es bis heute geblieben!

▶ Imker sind wichtig!

Es ist eine ziemlich wichtige Aufgabe, Imker zu sein, denn die Bienen sind ein sehr wichtiger Teil unserer Natur und unserer Landwirtschaft. Mit dir steigt die Anzahl der Imker – und damit auch der Bienenvölker in unserem Land. Außerdem sorgst Du dort, wo du deine Bienenvölker aufstellst, dafür, dass möglichst viele verschiedene Pflanzen da sind, an denen deine Bienen Pollen und Nektar finden. Also wird die Umgebung um deine Bienen herum eine kleine grüne und blühende Oase, die auch vielen anderen Tieren neuen Lebensraum und ausreichend Nahrung bietet.

Bienenstock und die Bienen bleiben trotzdem und lassen sich nicht von mir stören.

▼ Ich imkere gerne zusammen mit Kindern und erkläre ihnen, was ich über die Bienen weiß.

Wer lebt im Bienenvolk?

Das Bienenvolk

Honigbienen leben in einem Bienenvolk zusammen. Deswegen nennt man sie auch staatenbildende Insekten. In einem gesunden Bienenvolk gibt es immer eine Königin, ganz viele Arbeiterinnen und im Frühjahr und Sommer auch viele Drohnen. Die einzelnen Bienen in einem Bienenvolk arbeiten sehr eng zusammen, d. h. jeder hat eine ganz bestimmte Aufgabe und Funktion. Weil das so reibungslos funktioniert, nannten die Menschen das Bienenvolk früher auch „der Bien". Daran merkst du, dass es sich um eine Einheit, eine Gemeinschaft handelt, die ganz toll zusammenarbeitet, ähnlich wie ein Körper mit seinen verschiedenen Organen.

In der Imkersprache nennt man Königin, Arbeiterinnen und Drohnen „Bienenwesen". Alle drei Bienenwesen sind gleich wichtig und werden unbedingt gebraucht – auch wenn die Arbeiterinnen natürlich den größten Teil der täglichen Arbeiten machen.

◄ *Die Bienenkönigin umringt von ihren Arbeitsbienen.*

Die Königin

> **!** *Eine Weiselzelle ist eine besonders große Zelle, in der eine Königin heranwächst.*

Etwa drei Tage nachdem die Königin aus ihrer Weiselzelle geschlüpft ist, verlässt sie den Bienenstock, um zum Hochzeitsflug auszufliegen. Während des Hochzeitsfluges wird sie von bis zu 20 Drohnen begattet, die dabei sterben. Die Spermien der Drohnen speichert die Königin in einer Samenblase in ihrem Hinterleib.

So regiert die Königin

▲ Die Bienenkönigin erkennt man an ihrem langen Hinterleib.

▼ So sieht eine aufgebissene Weiselzelle aus, aus der eine Königin geschlüpft ist.

Die Königin gibt über die Mundwerkzeuge ein Pheromon ab, das als Königinnensubstanz bezeichnet wird. Das ist ein Duftstoff, der dafür sorgt, dass das Volk zusammenhält und weiß, dass die Königin gesund und stark ist. Gleichzeitig verhindert dieser Duftstoff, dass die Arbeiterinnen Eier legen. Im Frühjahr und Sommer legt die Königin täglich bis zu 2 000 Eier, im Winter wenig oder gar keine.

So entsteht eine Königin

Ob aus einem Ei einmal eine Königin wird, entscheiden die Arbeiterinnen. Sie bauen eine besondere Zelle, eine sogenannte Weiselzelle, in die die Königin ein befruchtetes Ei legt. Die Larve in der Weiselzelle füttern sie dann nur mit dem ganz besonders nährstoffreichen Gelee Royale. Dadurch wächst sie viel schneller als die anderen Larven, die ab dem dritten Tag Pollen und Honig bekommen, und wird so zur Königin.

Die Mutter aller Bienen

Die Hauptaufgabe der Königin ist Eier legen. Sie sorgt dafür, dass das Bienenvolk im Frühjahr und Sommer zu einer stattlichen Größe heranwächst. In Spitzenzeiten kann ein Volk dann bis zu 50 000 Bienen haben.

Die Königin ist die Mutter aller Arbeiterinnen und Drohnen, die in einem Bienenvolk zusammenleben. Sie weiß genau, was in einem Bienenvolk gerade gebraucht wird – Arbeiterinnen oder Drohnen. Wenn die Königin ein befruchtetes Ei legt, wächst eine Arbeitsbiene heran. Wenn sie ein unbefruchtetes Ei legt, schlüpft eine Drohne. Ob ein Ei befruchtet wird oder nicht, steuert sie über die Samenblase, in der sie die männlichen Spermien trägt.

▼ *Eine dicke Rundmade in einer Weiselzelle. Aus ihr wird einmal eine Königin.*

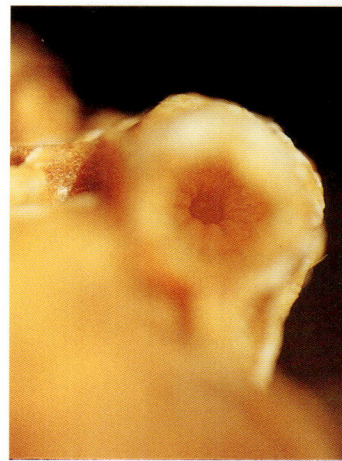

Die passende „Wiede" für jede Larve Die Arbeitsbienen bereiten die Zellen für die entsprechenden Eier vor. Dabei sind die Zellen, in denen die Arbeiterinnen heranwachsen, kleiner als die der Drohnen. Das siehst du schon auf einen Blick, wenn du eine Wabe anschaust. Zellen von Arbeiterinnen und Drohnen können gleichzeitig auf einer Wabe vorkommen. Die Königin legt dann befruchtete Eier in die kleineren Zellen, unbefruchtete in die großen.

Die Arbeiterin

Die Arbeiterinnen machen ALLES im Bienenstock. Die Aufgaben werden aufgeteilt und bei Bedarf kann jede Arbeitsbiene jederzeit eine andere Aufgabe übernehmen. Normalerweise durchläuft eine Arbeiterin nach dem Schlüpfen aber folgende Stationen:

Die Aufgaben der Arbeiterinnen

In den ersten zwei Tagen putzt sie die Zellen und wärmt die Brut. Vom 3. bis zum 5. Tag füttert sie die älteren Maden, vom 6. bis zum 12. gibt es drei verschiedene Aufgaben: Jungmaden füttern, Nektar abnehmen und einlagern sowie Pollen abnehmen und in die Zellen einstampfen. Vom 12. bis zum 16. Tag beschäftigt sich die Biene damit, Waben auszubauen, ab Tag 16 fliegt sie sich immer wieder vor dem Flugloch ein – sie übt. Vom 17. bis zum 19. Tag wird sie Wächterbiene und bewacht das Flugloch. Wächterbienen verhindern, dass fremde Bienen oder Feinde eindringen. Erst dann, nach 20 Tagen, darf die Biene den Stock verlassen und Nektar sammeln. Nektar sammeln ist eine sehr anstrengende Aufgabe für eine Arbeiterin. Insgesamt lebt eine Arbeiterin ungefähr 45 Tage.

Winterbienen leben länger Bienen, die den Winter überleben, werden 6–7 Monate alt. Sie schlüpfen ab August und leben bis zum nächsten Frühjahr. Ihre Aufgabe ist es, im Winter die Königin zu wärmen und im Frühjahr die neue Brut zu pflegen. Sie leben länger, weil sie im Winter nicht herumfliegen und dabei Nahrung sammeln müssen. Die Flugstunden sind für Bienen sehr anstrengend.

▼ *Eine fleißige Arbeiterin sammelt Pollen auf einer Kirschblüte.*

Der Lebensweg der Arbeitsbiene

1. bis 2.Tag

putzt die Wiegen und sich selbst...   wärmt die Brut...

3. bis 5. Tag

füttert die Altmaden...

6. bis 12.Tag

füttert Jungmaden und Königin...   nimmt Nektar ab...

stampft Pollen...   putzt den Stock...

Tag 21 — schlüpft
20
19
18
17 — Puppe reift zum fertigen Insekt
16
15
14
13 — verpuppt sich
12
11 — Nymphe in Verwandlung
10
9 — Made streckt sich, Zelle verdeckelt
8
7 — ältere Rundmade zehrt auch Pollen und Honig
6
5 — junge Rundmade zehrt Futtersaft
4 — Made schlüpft
3 — Ei liegt
2 — Ei geneigt
Tag 1 — Ei steht

13. bis 17. Tag

baut...

18. Tag

fliegt sich ein...

vom 22. Tag an

sammelt Nektar...

19. bis 22. Tag

wird Wächterbiene...

stirbt nach etwa 20 bis 30 Sammeltagen!

Arbeiterinnen können sich verwandeln

Es kann passieren, dass ein Volk keine Königin mehr hat. Fehlt die Königin, fehlt auch das Pheromon, das verhindert, dass die Arbeiterinnen Eier legen. Dann kann plötzlich auch eine Arbeiterin Eier legen. Da diese Eier aber nicht befruchtet werden können – sie ist ja trotzdem keine Königin – legt sie nur unbefruchtete Eier, aus denen dann ausschließlich Drohnen entstehen. Diese Arbeiterinnen nennt man Drohnenmütterchen. Nur mit Drohnen kann aber kein richtiges Bienenvolk entstehen. Drohnen arbeiten nicht und die fleißigen Arbeiterinnen sterben langsam weg, ohne dass neue schlüpfen. So ist das Volk nach kurzer Zeit nicht mehr lebensfähig, weil keine Arbeitsbienen mehr da sind, die Nektar und Pollen sammeln, die Bienenbrut füttern, den Stock putzen und das Bienenvolk vor Angreifern verteidigen.

▶ *Eine Arbeiterin hat einen kürzeren Hinterleib und einen richtigen „Pelz".*

Der Drohn

Drohnen tun nichts – wirklich gar nichts. Sie sind einfach nur dafür da, eine junge Königin beim Hochzeitsflug zu begatten. Damit spielen sie aber eine ganz wichtige Rolle im Bienenvolk. Zusammen mit der Königin sorgen sie für die Erhaltung der Art. Das ist eine ziemlich schwierige Aufgabe, denn die Befruchtung der Königin findet, wie ich schon erzählt habe, im Flug statt. Dabei muss sich so ein Drohn gegen viele Konkurrenten durchsetzen – und dafür macht er sich sein kurzes Leben lang fit. Und wie macht er das? Er lässt sich füttern und pflegen. Ab Mitte Mai beginnt dann die Zeit der Hochzeitsflüge. Wenn er es nun wirklich schafft, eine Königin zu begatten, wird ihm die Samenblase aus dem Hinterleib gerissen. Danach stirbt er.

Männliche Bienen heißen Drohnen.

▲ *Einen Drohn erkennst du an seinem Kopf mit den riesigen Augen.*

▼ *Drohnen können nicht stechen, du kannst sie auf die Hand nehmen.*

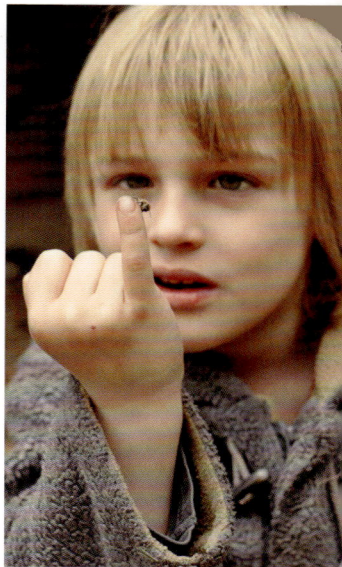

Von Bienen, Blumen und Früchten

▶ **Was fressen Bienen?**

Bienen fressen Nektar und Pollen. Nektar enthält ganz viel Zucker, Vitamine und Mineralstoffe. Pollen enthalten Eiweiß, Vitamine und Pflanzenstoffe, die für die Bienen lebenswichtig sind. Also brauchen die erwachsenen Bienen Pollen und Nektar als Energiespender, so wie wir eben auch täglich essen müssen. Aus Pollen und Nektar produzieren die Arbeitsbienen aber auch Futtersaft für die Bienenbrut, also für die Drohnen und Arbeiterinnen. Außerdem stellen sie daraus Gelee Royale her. Das ist der Futtersaft, mit dem die Larven gefüttert werden, aus denen Königinnen entstehen.

▶ **Wie entsteht aus Nektar Honig?**

Bienen sammeln Nektar aus Blüten oder den Honigtau von Blattläusen. Sie saugen den süßen Saft mit ihrem Rüssel auf und speichern ihn in der Honigblase. Dort wird er mit Enzymen angereichert. Wenn die Bienen dann im Bienenstock ankommen, holen sie den Inhalt der Honigblase wieder nach oben. Jetzt ist es kein Nektar mehr, sondern Honig. Den geben sie an die Bienen im Bienenstock weiter. Diese geben ihn unter sich weiter, lagern ihn in Zellen ein. Auch dort holen sie ihn wieder heraus, schlucken ihn in die Honigblase hinunter und bauen ihn später wieder neu in eine andere Zelle

▼ *Eine Biene besucht eine Löwenzahnblüte. Hier findet sie Nektar und Pollen.*

▼ *Honig und Pollen sind lebenswichtige Vorräte für die Brut.*

ein. Jedes Mal, wenn der Honig in die Honigblase einer Biene gelangt, wird er mit mehr Enzymen angereichert und gleichzeitig eingedickt. Irgendwann ist der Honig reif, die Zelle wird verdeckelt.

▶ **Wie sammeln Bienen Nektar?**
Sie besuchen die Blüten, um den Nektar zu sammeln. Wenn sie in den Blüten herumkriechen, nehmen sie mit ihrem behaarten Bienenkörper jede Menge Blütenpollen von den Blüten auf. Die Bienen eines Bienenstocks fliegen immer nur zu einer Pflanzenart, bis diese verblüht ist. Wenn sie also mit den Pollen von einer Blüte zu einer anderen Blüte fliegen, verteilen sie gleichzeitig Pollen und bestäuben so die Blüten. Den Pollen kämmen sie sich immer wieder aus ihrem Haarkleid. Dieser sammelt sich an den Hinterbeinen zu einem Pollenhöschen. Es ist aber immer genug Pollen im Bienenpelzchen, um die Blüten zu bestäuben.

Darum also sind Bienen so wichtig: Sie bestäuben die Pflanzen und nur Blüten, die bestäubt werden, tragen Früchte. Zwar machen das auch andere Insekten, aber die Honigbienen haben einen besonders großen Anteil daran.

Keine Bienen, keine Bestäubung, keine Früchte – so einfach ist das.

▼ *Diese Biene lagert den Honig in eine leere Wabenzelle ein.*

▼ *Äpfel gibt es nur, wenn die Bienen zuvor die Blüten bestäubt haben.*

Was braucht ein Imker?

Grundausstattung:
Die wichtigsten 7 Sachen

Bevor du anfängst, an den Bienenvölkern zu arbeiten, braucht es sieben Sachen: einen Schutzschleier fürs Gesicht, Schutzhandschuhe, einen Smoker mit Rauchmaterial und Feuerzeug, einen Stockmeisel, einen Abkehrbesen, ein kleines Buch, in dem du dir Notizen machen kannst, und natürlich Bienenkästen.

Wo kannst du die Sachen kaufen?

Für Imker gibt es spezielle Läden, den sogenannten Imkerfachhandel. Diese Läden gibt es nicht in jeder Stadt, aber heutzutage kann man die Sachen auch einfach im Internet bestellen. Vielleicht imkerst du ja auch zusammen mit deinen Eltern oder Großeltern, dann habt ihr sicher schon ganz viel von den Dingen, die man braucht.

◄ *So sieht die Grundausstattung für einen Imker aus.*

Imkerschleier

Der Imkerschleier ist ganz wichtig! Er schützt dich vor Stichen am Kopf, wo es wirklich unangenehm ist. Trage ihn immer, wenn du mit den Bienen arbeitest.

Manche Internetshops haben spezielle Schutzkleidung für Kinder: Suche einfach mal nach „Imkerkleidung für Kinder". Die Schleier kannst du einzeln kaufen, aber auch in Verbindung mit Jacken und Overalls. Ich finde es ganz praktisch, wenn man den Schleier vor dem Waschen der Jacke oder des Overalls einfach abnehmen kann, der muss nämlich nicht so oft gewaschen werden und leidet in der Waschmaschine nur unnötig. Ein Overall ist zwar praktisch, aber nicht unbedingt notwendig. Eine Jeans in Kombination mit einer Imkerjacke schützt dich auch sehr gut.

▲ *Wenn der Smoker richtig raucht, kannst du das Volk öffnen.*

▼ *Mit Eierkarton und morschem Holz wird der Smoker angezündet.*

Schutzhandschuhe

Die üblichen Schutzhandschuhe für Imker sind aus Gummi oder festem Leder. Wenn du die kaufst, bist du zwar vor Stichen gut geschützt, aber du hast wenig Gefühl in den Fingern und zerdrückst unnötig viele Bienen. Es gibt auch welche aus weicherem Leder, sogar speziell für Kinder. Auch hier hilft dir das Internet weiter. Viele Imker arbeiten ganz ohne Handschuhe – probiere es einfach aus, wie du besser klarkommst.

Smoker

Mit einem Smoker lässt es sich viel entspannter an den Bienen arbeiten. Als Räuchermaterial nimmst du getrocknete Kräuter oder Trester, das gibt einen gut duftenden Rauch. Als Anzünder kannst du Eierkartons verwenden. Bläst du mit dem Smoker vorsichtig Rauch ins Bienenvolk hinein, täuschst du den Bienen praktisch einen Brand vor – und sie bereiten sich auf die Flucht vor. Dazu nehmen sie so viel Honig wie möglich in ihrem Honigmagen auf und werden unbeweglich, träge und damit angriffslustig.

Stockmeisel

Die Bienen dichten alle noch so kleinen Zwischenräume mit Kittharz (man nennt es Propolis, mehr dazu findest du auf Seite 81) ab – also auch die Zwischenräume zwischen Rähmchen und Bienenkiste. Das flachgeschliffene Ende des Stockmeisels kannst du leicht unter die Rähmchen schieben, sie vorsichtig ablösen und zur Durchsicht herausnehmen. Allerdings: Bis zum nächsten Mal kitten die Bienen die Rähmchen auf jeden Fall wieder fest.

▼ *Mit dem Stockmeisel lockerst du das Rähmchen, dann ziehst du es heraus.*

Abkehrbesen

Mit einem solchen Besen kannst du z. B. beim Honigschleu-
dern die Bienen von den Waben kehren. Dafür sollte er
nicht zu harte Borsten haben, damit die Bienen nicht verletzt werden. Grundsätzlich solltest du es aber möglichst
vermeiden, die Bienen von den Waben zu kehren. Es ist viel
interessanter, eine Wabe vollbesetzt mit Bienen in der
Hand zu halten und zu beobachten, was sie alles machen.

Notizbuch oder Stockkarte

Mir hat es am Anfang sehr geholfen, wenn ich mir aufge-
schrieben habe, was ich an den einzelnen Völkern gemacht
habe. Entweder du notierst dir alles in einem kleinen Heft,

▼ *Unter den Blech-
deckel kannst du deine
Stockkarte legen.*

oder du legst unter den Deckel jedes Volkes eine Karteikar-
te, die du in eine Klarsichthülle packst. Das nennt man
auch Stockkarte. Schreibe mit Bleistift, das verwischt nicht.

Bienenkästen in Reserve

Ich finde es wichtig, dass man zwei Bienenwohnungen in
Reserve hat. Denn es gibt zwei Situationen, in denen man
schnell eine leere Bienenwohnung braucht: Wenn dir ein
Schwarm zufliegt oder eines deiner eigenen Völker schwärmt.
Oder vielleicht willst du die Bienen über Ableger vermehren (siehe Seite 59). Dazu brauchst du aber nicht den kom-
pletten Satz für ein ganzes Bienenvolk. Es reicht, zwei Bö-
den, zwei Zargen mit lehren Rähmchen und zwei Deckel als
Vorrat zu haben. Dann bist du für alles gut gerüstet.

▼ *Gut ausgerüstet
kann es endlich mit dem
Imkern los gehen.*

Kann ich Imker werden?

Du weißt nun schon, was du als Imker alles brauchst, und bekommst vielleicht immer mehr Lust, bald mit dem Imkern anzufangen. Bevor es aber so richtig losgehen kann, solltest du zusammen mit deinen Eltern noch ein paar wichtige Fragen klären.

▶ **Habe ich Zeit für die Bienen?**
Wie bei jedem anderen Tier, das du dir nach Hause holst, solltest du dir auch bei den Bienen gut überlegen, ob du die notwendige Zeit für die Pflege und Arbeit an den Bienen aufbringen kannst.

Du musst dich zwar nicht täglich um die Bienen kümmern, so wie um einen Hund oder eine Katze, aber im Frühjahr und Sommer solltest du mindestens alle neun Tage – besser einmal die Woche – am Bienenstand sein.

▶ **Wer hilft mir?**
Am Anfang wirst du auf jeden Fall Hilfe brauchen. So ein Bienenkasten ist ganz schön schwer. Auch für die Varroabehandlung, die du mit organischen Säuren machst, brauchst du unbedingt die Hilfe eines Erwachsenen.

▼ *Je nachdem, wie alt und kräftig du bist, brauchst du einen Erwachsenen, der dir beim Heben und bei anderen schwierigen Arbeiten hilft.*

▶ **Wo stehen meine Bienenvölker?**
Du solltest dich unbedingt vorher nach einem geeigneten Platz für zwei bis sechs Bienenkisten umschauen. Näheres findest du auf den Seiten 29 bis 33.

▶ **Bin ich allergisch gegen Bienen?**
Als Imker wird man immer wieder von Bienen gestochen. Das wird sich einfach nicht ganz vermeiden lassen, obwohl du dich mit der entsprechenden Schutzkleidung gut schützen kannst. Wenn du schon weißt, dass du allergisch gegen Bienen bist, ist es besser, wenn du dir keine Bienen anschaffst. Normalerweise kann aber jedes gesunde Kind ein oder zwei Bienenstiche verkraften. Falls du unsicher bist kannst du dich beim Arzt testen lassen.

▶ **Habe ich genügend Abstellplatz?**
Zum Imkern gehören einige Gerätschaften, die natürlich auch ihren Platz brauchen. Auch dafür sollte genügend Platz z. B. im Keller, in der Garage oder im Schuppen sein. Und für die Honigernte, das Schleudern und Abfüllen benötigt man ebenfalls einen geeigneten Raum.

▼ *Hast du genügend Zeit für deine Bienen oder willst du lieber spielen?*

▼ *Ein kleiner Verschlag für deine Imkersachen kann sehr hilfreich sein.*

Wo wohnen die Bienen?

Die Bienenwohnung

Bienen waren ursprünglich Höhlenbewohner und bauten ihre Waben meist in hohle Baumstämme. Als Imker musst du deinen Bienen eine Wohnung anbieten, in der sie sich wohl fühlen. Welche Art der Bienenwohnung, die man auch Beute nennt, wählst du am besten aus? Vielleicht imkerst du ja schon bei einem erwachsenen Imker mit, dann brauchst du diese Entscheidung erst einmal nicht zu treffen.

Magazinbeute oder Bienenkiste?

Prinzipiell gibt es im Moment zwei Trends in der Bienenhaltung: Die Haltung in der Magazinbeute oder die Haltung der Bienen in der Bienenkiste. Darüber gibt es schon ein sehr lesenswertes Buch – deshalb erkläre ich es hier nicht weiter. Das Konzept der Bienenkiste ist mir sehr sympathisch, weil es den Bienen die Gelegenheit gibt, sich so zu entwickeln, wie sie es selber am liebsten möchten – also gemäß ihrem Wesen, ihrer eigenen Art. Das nennt man wesensgemäße Bienenhaltung. Die ist aber auch in einer Magazinbeute möglich. In ihr hast du außerdem den Vorteil, dass du die einzelnen Waben in die Hand nehmen und die Bienen in ihrem Tun genau beobachten kannst. So kannst du gut erste Erfahrungen sammeln. In der Bienenkiste geht das nicht. Für den Anfang ist die Anzahl der angeschafften Magazinbeuten auch noch nicht so groß, und du kannst dich später immer noch für die Bienenkiste entscheiden. Beuten gibt es aus Holz und Kunststoff. Kunststoff hat den Vorteil, dass er sehr leicht ist. Holz ist ein natürlicher, nachwachsender Rohstoff, deshalb empfehle ich, Bienenwohnungen aus Holz zu benutzen.

▼ *Bienenwohnung mit Gitterboden mit Flugloch-keilen, 3 Zargen mit Rähm-chen, Abdeckfolie für die Rähmchen, Holzdeckel und Blechhaube.*

Selbst bauen oder kaufen?

Wenn ihr zu Hause das nötige Werkzeug zum Selberbauen von Bienenkisten habt und dir jemand dabei hilft, dann ist das perfekt, da kann man viel Geld sparen. Ansonsten ist eine komplette Beute mit Blechdeckel für ein Bienenvolk – noch nicht gestrichen – für etwa 110 € zu haben.

Verschiedene Größen

In Deutschland gibt es unterschiedlich große Beuten zu kaufen. Die Zanderbeute (Rähmchen 42 cm breit und 22 cm hoch), das Deutsch Normal Maß (Rähmchen 37 cm breit und 22,3 cm hoch) und die Dadantbeute (Rähmchen 43,5 cm breit und 30 cm hoch) findet man am häufigsten. Über die optimale Größe der Beuten und Rähmchen streiten sich die Imker immer. Ich selber halte meine Bienen in Beuten im Zandermaß. Das Zandermaß liegt ungefähr in der Mitte. Größer ist für dich nicht so gut geeignet, denn du darfst

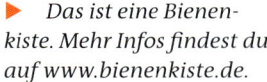
▶ *Das ist eine Bienenkiste. Mehr Infos findest du auf www.bienenkiste.de.*

nicht vergessen, du solltest die Rähmchen beim Durchschauen der Völker ja auch gut in den Händen halten und
drehen können. Und da sollten sie nicht zu schwer sein,
sonst tun dir hinterher die Handgelenke weh.

Anstreichen

Eigentlich musst du die Bienenkisten nicht unbedingt
anstreichen. Mit der Zeit bildet sich auf dem Holz eine
graue, harte Schutzschicht, die man Patina nennt. Das
würde als Schutz völlig ausreichen. Da Anmalen aber sehr
viel Spaß macht, kannst du deine Bienenkisten gerne bunt
anstreichen. Wichtig ist dabei, dass du natürliche, ungiftige
Farben verwendest, denn die Bienen haben einen sehr
feinen Geruchssinn. Und wenn die Beuten stark nach Farbe
riechen, fühlen sich die Bienen in ihrer Behausung nicht
wohl. Wichtig: Du darfst die Bienenkisten auf keinen Fall
innen anstreichen – das ist völlig überflüssig. Die Bienen
machen das selbst mir ihrem „Wundermittel" Propolis.

◀ *Bunte bemalte Bie-*
nenstöcke sehen einfach
noch schöner aus.

Bienen sehen niemals rot Noch ein solltest du wissen: Die Bienen sehen Farben ein bisschen anders als wir. Rot sehen sie nicht, dafür aber das für uns unsichtbare Ultraviolett. Das heißt: Bienen können Rot nicht von Schwarz unterscheiden. Am besten erkennen sie die Farben Weiß, Gelb, Grün, Blau und Violett.

Die Rähmchen

Für eine komplette Beute im Zandermaß benötigst du 30 Rähmchen. Du solltest auf jeden Fall darauf achten, dass du sie mit sogenannten „Hoffmannseiten" nimmst. Die Rähmchen wackeln dann weniger, falls du die Beuten mal transportieren willst. Die Rähmchen kannst du entweder fertig kaufen oder selber zusammennageln und selber drahten. Aber ganz ehrlich: Das ist sehr viel Arbeit und hat mir nie Spaß gemacht. Ich habe es ausgerechnet, dabei sparst du bei 30 Rähmchen knapp 9 €.

▲ Die Drähte müssen gut gespannt sein und einen Ton abgeben, wenn man daran zupft.

▼ Auch Rähmchen für Naturwaben müssen gedrahtet werden.

Mein Bienenplatz

Es kommt natürlich darauf an, wie viele Bienenvölker du haben möchtest. Entsprechend groß muss der Platz sein. Ich stelle immer zwei Völker auf eine Palette. Links und rechts davon muss genug Platz zum Abstellen von Bienenkisten sein. Dahinter sollten zwei Personen genügend Platz zum Stehen und Arbeiten haben.

Warum Paletten? Bienenkästen müssen gerade stehen. Denn wenn Bienen ihre Waben bauen, orientieren sie sich unter anderem an der Schwerkraft. Darum ist es praktisch, die Bienenkästen auf Paletten zu stellen, denn die Paletten kannst du relativ einfach mit Hilfe einer Wasserwaage gerade ausrichten. Paletten haben auch noch einen anderen Vorteil. Der Gitterboden steht nicht direkt auf der Erde, das Holz wird nicht so oft nass und hält eindeutig länger.

◤ *Paletten unter den Beuten schützen den Gitterboden und sorgen für eine gute Belüftung.*

▼ *Die richtige Höhe ist wichtig: Du sollst dich weder bücken noch auf einen Hocker steigen müssen.*

Der beste Standort für deine Bienen

Bienen lieben warme, luftige Standorte. Sie sollten also nicht direkt im Schatten, aber auch nicht direkt in der Sonne stehen. Ideal ist ein Stellplatz mit südöstlicher Ausrichtung, dann haben die Bienen morgens Sonne und stehen in der Mittagszeit ein bisschen im Schatten. Und es sollten rundherum viele blühende Pflanzen wachsen, damit die Bienen genug Futter finden.

Im eigenen Garten

Wenn du die Bienen im eigenen Garten nah am Haus aufstellen kannst, ist das natürlich am schönsten. Dann kannst du immer, wenn du Lust hast, die Bienen beobachten. In einem 200 m² großen Garten sollten nicht mehr als vier, höchstens sechs Völker stehen. Denk immer dran, dass du auch noch genügend Platz zum Herumtoben oder Ballspielen haben möchtest. Dabei solltest du zumindest fünf Meter Abstand zu den Bienen halten.

Wenn du Bienenvölker im Garten aufstellst, solltest du vorher die Nachbarn darüber informieren.

Die Nachbarn Stelle nicht zu viele Bienenvölker auf einmal in den Garten! Sonst fliegen zu viele Bienen umher. Damit die Bienen die Nachbarn nicht ärgern, müssen die Fluglöcher auf deinen Garten zeigen. In diese Richtung fliegen die Bienen dann auch ab. Damit die Bienen nach dem Abfliegen vom Flugloch gleich möglichst hoch genug fliegen, machst du Folgendes: Entweder du stellst einen zwei Meter hohen Flechtzaun auf oder du pflanzt Büsche in dieser Höhe um den Standplatz. Ideal wäre auch eine Rankhilfe für Himbeeren oder Brombeeren, die dann eine dichte Hecke bilden. Brombeeren und Himbeeren blühen im Frühjahr und Sommer. Den Nektar dieser Blüten lieben die Bienen. Und der tolle Nebeneffekt: Du kannst auch noch viele leckere Früchte ernten.

Garage oder Balkon?

Das geht nur, wenn das Flachdach über der Garage eine sichere Treppe leicht zugänglich ist und es ungefährlich ist, da oben zu arbeiten. Wenn die Bienen in drei bis vier Meter Höhe abfliegen, stören sie auch keinen Menschen mehr. Sie fliegen dann gleich direkt dorthin, wo es Nektar gibt, und machen keinen Besuch bei den Nachbarn.
Je nachdem, wie groß euer Balkon zu Hause ist, können die Bienen auch dort ihren Platz haben. Es kommt aber ganz darauf an, wie ihr den Platz sonst noch nutzen wollt. Die anderen Familienmitglieder sollten sich nicht von den Bienen gestört oder gar bedroht fühlen.

▲ *Bienenstöcke auf einem Garagendach.*

▼ *Bienenstöcke in einem Garten.*

Im Grünen oder im Wald

Wenn du deine Bienen auf eine Streuobstwiese stellen kannst, ist das natürlich super. Wichtig ist allerdings, dass es sich um eine „richtige" Streuobstwiese handelt, die nur zweimal im Jahr gemäht wird. Denn nur dann blühen dort im Frühjahr und Sommer immer Blumen. Wenn das nicht der Fall ist, kannst du „nachhelfen". Besorge dir die Saatgutmischung „Blühende Landschaft". Hier handelt es sich um einheimische Kräuter und Kulturpflanzen, an denen die Bienen Pollen und Nektar finden.

Das Gleiche gilt für den Wald. Es ist ganz wichtig, dass die Bienen im Umkreis von einem Kilometer genügend Nah-

 *Bienenstöcke auf einer Waldlichtung.*

rung finden. Sie fliegen für eine interessante Tracht zwar auch mal bis zu drei Kilometer weit, dabei müssen sie sich aber sehr anstrengen.

Schutz vor Beschädigung oder Diebstahl

Wenn die Bienen einfach so ohne Zaun dastehen, kommt es immer wieder vor, dass die Bienenkästen von unfreundlichen Menschen umgeworfen werden. Ganz vermeiden lässt sich das auch mit einem Zaun nicht. Aber die Hemmungen sind schon ein bisschen größer. Wenn es also irgendwie möglich ist: Zäune die Bienen ein und stelle sie so auf, dass sie nicht gleich gesehen werden.

▼ *Wenn du deine Bienen an einem Rapsfeld aufstellen möchtest, brauchst du ein Wanderzeugnis und die Erlaubnis vom Bauern.*

Imkern rund ums Jahr

Der Jahreskreis

Bei uns in Mitteleuropa gibt es vier Jahreszeiten: Frühling, Sommer, Herbst und Winter. Im Frühjahr grünt und blüht die Natur, über den Sommer und im Herbst reift dann alles bis zur Ernte heran. Im Winter ist Ruhe. Wenn du viel an und mit den Bienen arbeitest, wirst du ganz schnell feststellen, dass sich die Jahreszeiten noch viel feiner einteilen lassen. Und das Spannende ist, wie stark die Bienen an die Natur und an die Jahreszeiten angepasst sind. Irgendwie logisch, oder? Die Bienen ernähren sich ja von Pollen und Nektar und können nur draußen umherfliegen, wenn es mehr als 10 °C hat. Wenn der Winter z. B. lang und kalt ist, brauchen die Bienen und die Pflanzen im Frühjahr viel länger für ihre Entwicklung. Wenn das Frühjahr wärmer ist, verläuft die Entwicklung der Pflanzen und damit auch der Bienen viel schneller.

▼ *Winterlinge (links) und Klatschmohn (rechts) blühen zu unterschiedlichen Jahreszeiten. Die Natur kann dir verraten, was bei den Bienen los ist.*

Schau genau hin

Wie eng die Entwicklung der Bienen mit der Entwicklung der Pflanzen verbunden ist, schauen wir uns jetzt mal ganz genau an. Wenn du lernst, die Natur und die Pflanzen zu beobachten, weißt du auch ungefähr, was bei deinen Bienen los ist. Denn nicht immer ist es warm genug, um ausführlich in den Bienenkasten zu schauen. Beobachten heißt: Schau hin, welche Pflanzen gerade wachsen, Knospen und Blätter austreiben, welche Pflanzen blühen. Schnuppere, wie es riecht, und lausche, ob die Vögel aus ihren Winterquartieren wieder da sind – es gibt ganz viele Anzeichen um dich herum.

Naturtagebuch Notiere dir, was du in der Natur und bei den Bienen beobachtest. Am Ende jedes Jahreszeiten-Kapitels in diesem Buch findest du Platz für kurze Notizen zu deinen Beobachtungen. Wenn du magst, kannst du deine Beobachtungen auch mit Fotos festhalten. Es macht Spaß und deiner Fantasie sind dabei keine Grenzen gesetzt!

▶ *Für die Bienen ist es wichtig, dass sie das ganze Jahr über blühende Pflanzen finden.*

Der Jahreskreis

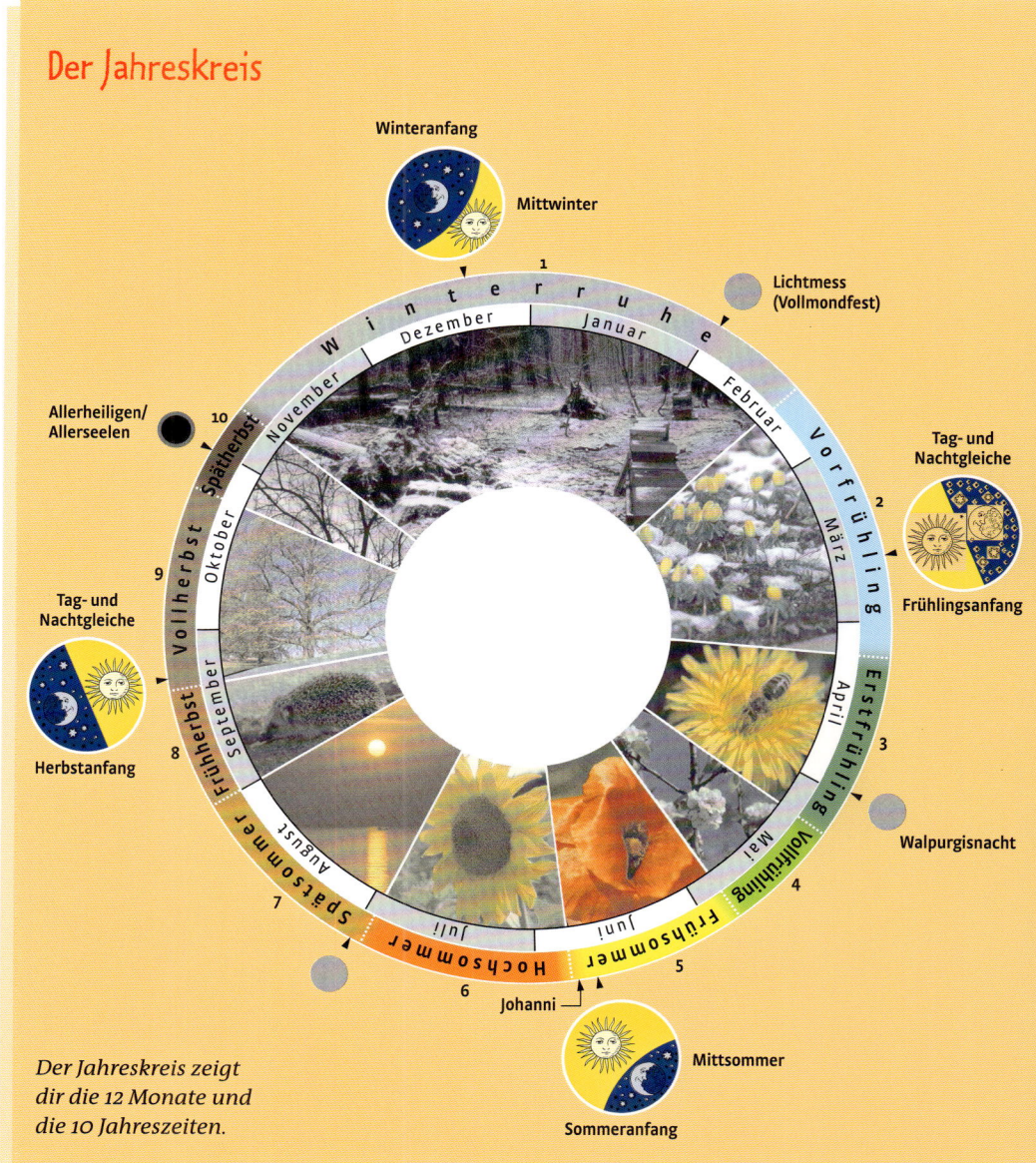

Winteranfang

Mittwinter

Lichtmess
(Vollmondfest)

Tag- und
Nachtgleiche

Frühlingsanfang

Walpurgisnacht

Allerheiligen/
Allerseelen

Tag- und
Nachtgleiche

Herbstanfang

Winterruhe

Vorfrühling

Erstfrühling

Vollfrühling

Frühsommer

Hochsommer

Spätsommer

Frühherbst

Vollherbst

Spätherbst

Dezember
Januar
Februar
März
April
Mai
Juni
Juli
August
September
Oktober
November

Johanni

Mittsommer

Sommeranfang

*Der Jahreskreis zeigt
dir die 12 Monate und
die 10 Jahreszeiten.*

Der Überlebensplan der Bienen

Das einzig fixe am Jahreskreis sind die Monate. Die zehn Jahreszeiten können sich je nachdem, wo man wohnt und wie das Wetter tatsächlich ist, um vier bis acht Wochen verschieben. Jede einzelne kann deshalb auch länger dauern oder kürzer werden. Für die Bienen, die draußen in der Natur sind und das alles direkt spüren, heißt das, dass sie sich ständig anpassen müssen. Sie haben keine Zentralheizung, keine Klimaanlage, keinen Supermarkt und keinen Kühlschrank. Deshalb tun auch die Bienen wie alle anderen Lebewesen alles dafür, dass sie nicht hungern müssen und überleben. Sie arbeiten das ganze Frühjahr und den ganzen Sommer: Erstens, um sich zu vermehren, also neue Bienenvölker hervorzubringen, und zweitens, um genügend Pollen- und Honigvorräte für den Winter einzulagern. Dafür haben sie den folgenden Überlebensplan entwickelt:

▼ *So entwickelt sich ein Volk im Laufe eines Jahres.*

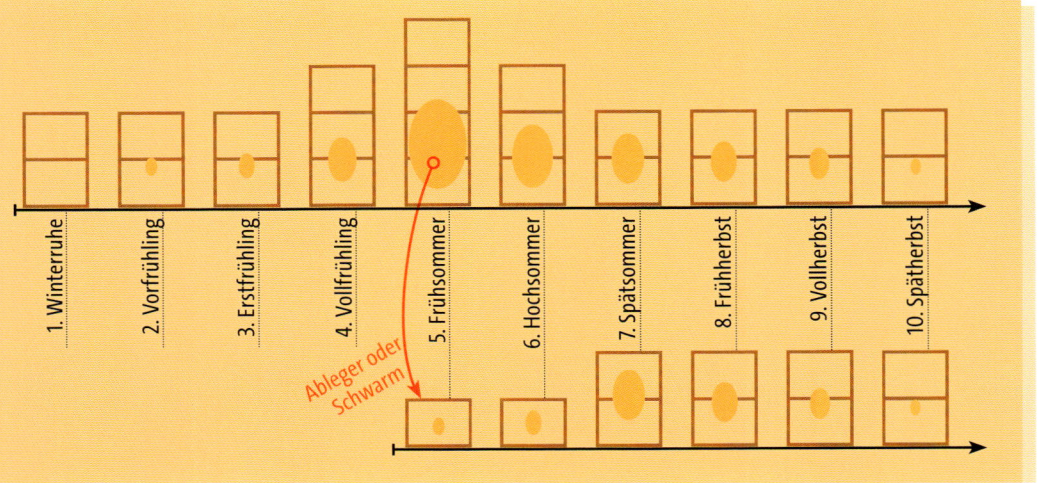

1. Winterruhe
2. Vorfrühling
3. Erstfrühling
4. Vollfrühling
5. Frühsommer
6. Hochsommer
7. Spätsommer
8. Frühherbst
9. Vollherbst
10. Spätherbst

Ableger oder Schwarm

Natürliche Vermehrung

Die Abbildung links unten zeigt dir, wie im Laufe eines Jahres ein Bienenvolk erst größer und dann wieder kleiner wird. Mit dem Volk wächst auch die Bienenwohnung – auf bis zu vier Zargen im Frühsommer, wenn das Volk am größten ist und viel Honig einlagert. Ein Bienenvolk vermehrt sich im Frühsommer durch einen Schwarm oder indem du einen Ableger machst. Und das genau passiert:

1. **Winterruhe** Die Bienen überleben in der Wintertraube.
2. **Vorfrühling** Das Volk beginnt langsam mit dem Brüten.
3. **Erstfrühling** Die Königin legt immer mehr Eier, das Brutgeschäft wird gesteigert.
4. **Vollfrühling** Das Brutgeschäft wird noch mehr gesteigert, Honig- und Pollenvorräte werden angesammelt.
5. **Frühsommer** Brutgeschäft und Nektar sammeln laufen auf Hochtouren, gleichzeitig schwärmt das Volk oder du machst einen Ableger. Beide wachsen sehr schnell.
6. **Hochsommer** Brutgeschäft und Nektar sammeln laufen weiter auf Hochtouren, das Volk und der Schwarm oder Ableger wachsen sehr schnell.
7. **Spätsommer** Die Bienen im ursprünglichen Volk werden schnell weniger, Winterbienen werden gepflegt. Jetzt ist es Zeit für die Varroabehandlung.
8. **Frühherbst** Das „alte" und das „neue" Volk sind jetzt stark genug, um den Winter zu überstehen. Genügend Futter und Pollen sind eingelagert.
9. **Vollherbst** Nun hört die Königin langsam auf, Eier zu legen, es wird bald keine Brut mehr gepflegt.
10. **Spätherbst** Nun ist im Volk keine Brut mehr vorhanden.
11. **Winterruhe** Die Völker sind brutfrei und sitzen dicht gedrängt in der Wintertraube.

▼ *Die Biene mit dem Pollenhöschen sucht einen Lagerplatz für ihr Sammelgut.*

Frühling

Sommer
Herbst
Winter

Vorfrühling: Die Haselnuss blüht

Am 2. Februar ist Lichtmess, da werden die Tage nach dem Winter endlich wieder deutlich länger. Hör mal ganz genau hin: Um diesen Termin herum fangen morgens auch die Vögel wieder an zu zwitschern.

Wenn die Haselnusssträucher blühen, erwacht die Natur langsam wieder zum Leben. Schneeglöckchen, Winterlinge und Weidenkätzchen blühen kurze Zeit später. Wenn du diese Pflanzen blühen siehst, kannst du sicher sein, dass auch die Bienenvölker anfangen zu brüten. Die Temperatur im Volk wird auf 35 °C erhöht. Dann kann die Königin langsam mit dem Legegeschäft beginnen. Wenn Bienenbrut da ist, muss die Temperatur dauerhaft bei 35 °C bleiben, sonst unterkühlen und sterben die Eier, Maden und Puppen. Für dich gibt es an den Völkern noch nichts zu tun. Wenn du jetzt die Völker aufmachst, geht zu viel Wärme verloren. Warte, bis die Tage im Erstfrühling länger werden und du dann die erste Völkerdurchsicht vornehmen kannst.

▼ *Bald ist der Winter vorbei: Die ersten Schneeglöckchen schauen aus dem Schnee.*

Winterbienen sind ganz wichtig

Auf Seite 71 schreibe ich, dass es ganz wichtig ist, starke Völker mit vielen Bienen einzuwintern. Jetzt erlebst du, warum: Im Vor- und Erstfrühling pflegen diese Winterbienen die Brut und wärmen sie. Das kostet sie enorm viel Kraft und Energie. Wenn zu wenig Winterbienen da sind, schaffen sie die anstrengende Brutpflegearbeit nicht. Dann passiert es, dass mehr Winterbienen sterben als junge Bienen nachkommen – ein Teufelskreis, bei dem am Ende das ganze Volk stirbt.

Erstfrühling: Die Natur erwacht

Es zieht dich nach draußen, du wirst fröhlicher und unternehmungslustiger – das sind die Frühlingsgefühle. Das macht die Natur mit uns. Aber was macht sie denn genau? Die ersten gelben Forsythien leuchten aus jeder Ecke, die weißen Schlehenhecken an den Straßen- und Waldrändern blühen und die ersten Krokusblüten spicken aus der Erde. Ahornbäume blühen und die Knospen an den Bäumen wachsen und schwellen an. Verschiedene Bäume fangen auch an zu blühen: Birken, Buchen, Erlen, Pappeln und Ulmen spenden eiweißreichen Pollen, den die Bienen gerne an ihre Brut verfüttern.

Es riecht anders draußen, weil die gefrorene Erde auftaut, weil Blütenduft dazukommt. Und es klingt auch anders. Du kannst die Natur wieder viel mehr hören. Die Vögel ma-

▼ *Die Nächste können noch sehr kalt werden, am Morgen liegt Reif auf der Wiese.*

chen morgens einen Riesenrabatz. Es summt und brummt, auch Hummel- und Wespenköniginnen erwachen aus ihrer Winterstarre und suchen nach geeigneten Stellen für den Nestbau. Du kannst sicher noch viel mehr entdecken. Das Wetter ist wechselhaft, mal warm, mal eisig. Frühjahrsstürme und T-Shirt-Wetter wechseln sich ab.

Was machen die Bienen?

Die Bienen haben ja schon im Vorfrühling mit dem Brüten angefangen. Da es jetzt noch mehr Pollen gibt, können sie noch mehr brüten. Jetzt kannst du den direkten Zusammenhang erkennen: Wenn das Wetter so ist, dass die Bienen nach draußen fliegen können, um Pollen zu sammeln, dann können sie auch mehr Bienenbrut füttern und großziehen. Wenn das Wetter schlecht ist, können die Sammelbienen keine Pollen zum Füttern bringen. Dann gibt es weniger Bienenbrut. Manchmal wird es in dieser Jahreszeit aber auch noch einmal sehr kalt. Dann kommt es tatsäch-

Weidenkätzchen liefern im Frühjahr den ersten Pollen.

Bienen brauchen eine Wasserstelle in der Nähe des Stocks.

lich vor, dass die Bienen einen Teil ihrer Brut wieder aus-
räumen, weil sie nicht alle pflegen und wärmen können.
Das sind aber alles keine ungewöhnlichen Vorgänge, das ist
im Vorfrühling ganz normal.

Was machst du als Imker?

Wenn das passiert, kannst du es als Imker nicht verhindern.
Früher haben die Imker die Bienenvölker oft warm einge-
packt. Dann ist es drinnen im Stock zwar wärmer, aber die
Bienen können trotzdem nicht ausfliegen, um genügend
Futter zu holen. Es ist also wichtig, dass die Bienen immer
genau spüren, wie das Wetter draußen ist, damit sie sich
daran anpassen können. Darum haben die Beuten einen
Gitterboden.

Bei Frost nicht reinschauen Wenn es Frost hat, solltest du
die Bienen einfach noch in Ruhe lassen. Ich öffne die Völker
nie vor Frühlingsanfang, also nie vor dem 20. März. Sollte
es um diese Zeit immer noch Schnee haben oder die Tem-
peraturen frostig sein, ist es auch da noch zu früh!

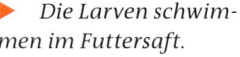 *Die Larven schwim-
men im Futtersaft.*

Erste Völkerdurchsicht

Wenn du im Erstfrühling das erste Mal zu deinen Bienen in die Beuten schaust, solltest du Folgendes auf jeden Fall dabeihaben:

- 2 Futterwaben pro Volk.
- Zettel und Bleistift.
- Ein ungedrahtetes Rähmchen pro Volk, markiert mit einem Reisnagel.

Darauf achtest du

Futter Schau nach, ob jedes Volk noch genügend Futter hat. Im Frühjahr brauchen die Völker für die Entwicklung 8–10 kg Futter. Und wie findest du das heraus? Eine Zanderwabe, die ganz mit Honig oder Zuckerwasser gefüllt ist, wiegt ungefähr 2 kg. Es müssen als mindestens 4–5 Waben, die auf beiden Seiten mit Futter gefüllt sind, in der Beute hängen. Die 8–10 kg können aber auch über mehrere Waben verteilt sein.

Brut Gleichzeitig achtest du drauf, ob im Bienenvolk Brut vorhanden ist. Siehst du Eier, Maden und verdeckelte Brut?

Königin Wenn Brut da ist, brauchst du die Königin nicht extra zu suchen. Das dauert zu lange und bringt zu viel durcheinander. Ohne sie gäbe es die Brut ja gar nicht.

Drohnenrahmen Jetzt hängst du auch den Bau- oder Drohnenrahmen ein. Dazu nimmst du ein ungedrahtetes Rähmchen, markierst es oben mit einem Reisnagel und hängst es an den Rand des Brutnests. So findest du ihn mit einem Blick wieder. Aber wozu machst du das? Schon seine zwei verschiedenen Namen verraten, welchen Nutzen der Bau- oder Drohnenrahmen hat. Auf Seite 48 erkläre ich es dir genau.

▼ *Im Frühling kann man die Bienen nur mit Honig füttern.*

Nachfüttern Wenn zu wenig Futter im Volk ist und du keine Futterwaben hast, kannst du um diese Jahreszeit dein Volk mit einer Futtertasche nachfüttern. Fülle sie am besten mit eigenem, zumindest aber mit deutschem Honig. So schleppst du keine Bienenkrankheiten ein.

Volk ohne Brut

Wenn du in einem Volk um diese Jahreszeit gar keine Brut, keine Arbeiterinnenbrut oder nur Drohnenbrut findest, ist sehr wahrscheinlich die Königin tot. In diesen Fällen ist meistens eine Arbeiterin zu einem sogenannten „Drohnenmütterchen" (siehe Seite 11) geworden, das nur unbefruchtete Eier legt, aus denen Drohnen schlüpfen. Solche Völker sind nicht mehr zu retten. Markiere dir ein solches Volk

▲ *Nun nimmst du die Folie ab und gibst etwas Rauch in den Bienenstock.*

▼ *Schon durch die Folie hindurch erkennst du, dass alle Wabengasse gut mit Bienen besetzt sind.*

und kontrolliere es einfach bei der nächsten Durchsicht im Vollfrühling noch einmal. Wenn dann immer noch keine Königin und keine Arbeiterinnenbrut zu finden sind, kannst du das Volk auflösen. Auf keinen Fall darfst du dann die Bienen in ein anderes Volk kehren. Das Drohnenmütterchen könnte der Königin in diesem Volk gefährlich werden. Kehre die Bienen 100–200 m vom Bienenstand entfernt ins Gras. Die Zargen des Volkes räumst du ab, so dass eine sichtbare Lücke entsteht und die zurückkehrenden Bienen ihren Bienenstock nicht mehr vorfinden. Die Bienen suchen ein bisschen herum. Nach einiger Zeit versuchen sie, sich in die anderen Völker einzubetteln, wo sie nach einer Weile auch aufgenommen werden. Dabei haben die Wächter in den anderen Völkern die Möglichkeit, das Drohnenmütterchen abzuwehren und damit die Königin im Stock zu schützen.

◄ *Jetzt kannst du direkt ins Volk hineinschauen und auch einzelne Rähmchen herausziehen.*

Der Bau- oder Drohnenrahmen

Funktion als Baurahmen Im Erstfrühling gibt es immer mehr Jungbienen im Bienenvolk. Die ersten zwei Tage ihrer Lebenszeit wollen sie bauen. Wenn aber schon alle Waben im Volk ausgebaut sind, können sie das nicht. Also hängt man den Baurahmen ein. So haben die Jungbienen etwas zu tun. Für dich kann dieser Baurahmen als Stimmungsbarometer dienen. Das heißt, an der Art, wie er ausgebaut wird, kannst du ablesen, in welcher Stimmung das Volk ist. Findest du einzelne, nicht verbundene Zungen, ist das ein Zeichen für Schwarmstimmung. Schau genau in die Nischen zwischen den Zungen. Dort findest du dann möglicherweise Schwarmzellen, also Weiselzellen, in denen eine Königin heranwächst. Was es in diesem Fall zu tun gibt, liest du auf den Seiten 54 bis 59 über Schwarm und Ablegerbildung. Wenn der Baurahmen gleichmäßig und über die ganze Breite des Rähmchens ausgebaut ist, herrscht eine ausgeglichene Stimmung im Volk.

Funktion als Drohnenrahmen Du wirst beobachten, dass das Baurähmchen nur mit Drohnenzellen ausgebaut wird und dass dort (fast) nur Drohnenbrut aufgezogen wird. Jetzt wird die zweite Funktion klar: Er ist ganz wichtig für die Varroabekämpfung. Dadurch, dass in diesem Baurahmen ganz viel Drohnenbrut auf einmal sitzt, wirkt er wie ein Magnet auf die im Volk lebenden Varroamilben. Sie zieht es dort hin und so wird der Drohnenrahmen zur Varroafalle. Gleichzeitig sind auf den anderen Bruträhmchen weniger Milben und die Arbeiterinnenbrut bleibt von den Milben verschont. So können sich im Volk mehr gesunde Arbeiterinnen entwickeln. Mehr dazu findest du auf den Seiten 72 und 73.

▼ *Im Baurahmen werden fast nur große Zellen für Drohnenbrut gebaut.*

Vollfrühling: Alles blüht

Du kannst es ganz genau sehen, wenn du dich draußen umschaust: Der Vollfrühling beginnt mit der Löwenzahnblüte. Alle Wiesen sind goldgelb. Parallel dazu fangen die Blütenknospen von Apfel-, Birnen- und Kirschbäumen an, sich zu öffnen. Erst blinzeln die weißen Blütenblätter nur ein bisschen aus den Knospen, dann öffnen sich einzelne. Und mit einem Mal blühen schlagartig alle ganz auf und die Wiesen ertrinken in einem weiß-rosa Blütenmeer. Die Obstbäume sind wunderbare Pollen- und Nektarspender für die Bienen. Und aus dem Obstblütennektar machen sie ganz wunderbar aromatischen Obstblütenhonig.
Aber auch der Mai hat noch sehr kalte Tage. Im Kalender sind diese zwischen dem 12. und 15. Mai als Eisheilige festgeschrieben. Sie können sich aber durchaus auch um ein

▼ *In den Gärten locken jetzt Blüten mit viel Nektar und Pollen.*

oder zwei Wochen nach vorne oder hinten verschieben. So passiert es dann eben auch manchmal, dass die Bienen die weiße Pracht der Obstbaumblüte nicht voll nutzen können. Aber selbst wenn es Frost gibt, macht das den Bienen um diese Jahreszeit nicht mehr viel aus. Außerdem beginnen jetzt überall die Rapsfelder zu blühen, da finden die Bienen sicher genügend Futter.

Was machen die Bienen?

Während der Obstbaumblüte vermehren sich die Bienen sehr stark. Die Winterbienen sterben. Sie haben sich beim Füttern und Pflegen der Brut im Erstfrühling total verausgabt. Die schlüpfenden jungen Frühlingsbienen können die Verluste gerade so ausgleichen. Aber je mehr draußen blüht und je mehr es zu sammeln und zu futtern gibt, desto mehr Eier legt die Königin. Es wird eng im Stock.

Was machst Du als Imker?

Im Vollfrühling heißt es für dich: Aufpassen! Das Volk wird jetzt ganz schnell größer. Schau nach den Süßkirschenbäumen. Wenn sie blühen, wird es Zeit, den Bienen die nächste Zarge aufzusetzen. Zur Sicherheit schaust du auch noch mal in den Bienenkasten hinein, ob es wirklich schon so weit ist. Dazu musst du die Rähmchen aber nicht herausziehen, es gibt auch eine schnelle Methode.

Schnelle Kontrolle Ein Blick unter die Schutzfolie der oberen Zarge zeigt dir, wie viele Wabengassen – das ist der Platz zwischen den Rähmchen – besetzt sind. Die Kontrolle machst du am besten am Spätnachmittag, dann sind die meisten Bienen schon wieder zurück im Stock.

Mehr Platz für deine Bienen

Volk in einer Zarge Zähle bei der schnellen Kontrolle von oben nach, wie viele Wabengassen besetzt sind. Sind schon sieben Wabengassen mit Bienen besetzt? Schau auch von vorn durch das Flugloch: Siehst du das Volk unter den Rähmchen heraushängen? Erkennst du vielleicht auch Drohnenbau, der unter die Rähmchen gebaut wurde? Wenn du eine dieser Fragen mit ja beantworten kannst, wird es Zeit für die zweite Zarge.

Volk in zwei Zargen Bei den Völkern, die auf zwei Zargen überwintert haben, machst du es genauso. Natürlich kontrollierst du hier die obere und die untere Zarge. Erst schaust du oben hinein und zählst die besetzten Wabengassen. Dann hebst du die obere Zarge an, um einen Blick in

▲ *Deine Bienen brauchen Platz: Das Absperrgitter legst du über die zweite Zarge.*

▼ *Dann stellst du die dritte Zarge oben drauf.*

die untere zu werfen. Dort sollte es nahezu gleich aussehen. Das heißt: Wenn sechs bis neun Wabengassen besetzt sind und das Volk nach unten durchhängt, setzt du auf jeden Fall eine dritte Zarge oben drauf.

Nicht zu früh erweitern Völker mit weniger Bienen werden besser noch nicht erweitert. Warte noch eine weitere Woche und kontrolliere dann noch einmal. Die Bienen brauchen zu viel Energie, wenn sie einen zu großen Raum heizen müssen! Früher haben manche Imker Bruträhmchen nach oben gehängt, um die Bienen in die neu aufgesetzte Zarge zu locken. Das ist völlig unnötig. Wenn sie den Platz brauchen, dann nutzen sie ihn auch.

Das Absperrgitter

Wenn im Vollfrühling die dritte Zarge aufgesetzt wird, wird es auch Zeit für das Absperrgitter. Es wird oben auf die zweite Zarge gelegt, bevor du die dritte Zarge aufsetzt. Das

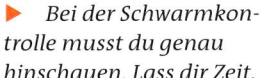
▶ *Bei der Schwarmkontrolle musst du genau hinschauen. Lass dir Zeit.*

schmale Gitter verhindert, dass die Königin in den Honigraum geht und das Brutnest dorthin ausdehnt. Zum Absperrgitter gibt es zwei verschiedene Meinungen: Manche
sagen, dass es besser für die Bienen ist, wenn die Königin
überall herumlaufen kann. Und dass sich die Königin durch
das Absperrgitter eingeengt fühlt und weniger Eier legt. Ich
habe beides probiert – mit und ohne Absperrgitter – und
konnte keinen Unterschied feststellen. Es ist aber einfacher,
mit Absperrgitter zu imkern, weil du bei der Schwarmkontrolle dann nur zwei Zargen durchschauen musst. Und das
erleichtert die Arbeit einfach. Das finde ich wichtig, denn
dein Rücken soll beim Heben keinen Schaden nehmen.

Alle 9 Tage: Schwarmkontrolle

Um diese Jahreszeit beginnst du damit, jedes Wochenende eine
Schwarmkontrolle zu machen, allerspätestens alle 9 Tage. Denn
es kann sein, dass die Völker in Schwarmstimmung kommen.
Was dann passiert, erklären dir die nächsten Seiten.

▲ *Beim Ankippen der Zarge kannst du manch-mal auch schon Weiselzel-len entdecken.*

▼ *Oft sind sie am unte-ren Rand der Rähmchen angebaut.*

Wenn Bienen schwärmen

Viele Imker tun so, als wäre der Schwarmtrieb eine Krankheit. Sie sagen, „Er muss bekämpft werden" und „Er bricht aus". Klar, du weißt nie genau, wann ein Schwarm auszieht, und es macht Mühe, einen Schwarm zu fangen. Außerdem sammelt ein Volk in Schwarmstimmung weniger Honig. Aber der Schwarmtrieb ist die ganz natürliche Art der Bienen, sich zu vermehren. Und kein Ableger wächst so schnell zu einem neuen, großen Volk heran wie ein Schwarm.

Aus einem Volk werden zwei

▲ *Wildes Getümmel herrscht vor dem Bienenstock kurz bevor ein Schwarm losfliegt.*

▼ *Eine neue Königin ist bereits geschlüpft.*

Schwarmtrieb kommt zwischen Vollfrühling und Frühsommer auf, wenn sehr viele Jungbienen im Volk sind. Jetzt legt die Königin am Tag bis zu 2 000 Eier und draußen gibt es sehr viel Pollen und Nektar. Jetzt ist die beste Zeit für ein

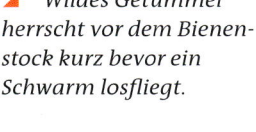

Volk, sich zu teilen. Darum bauen die Bienen mehrere Weiselzellen, in die die Königin befruchtete Eier legt. Vom Ei bis zum Verdeckeln der Weiselzelle vergehen acht Tage. Sobald die erste Weiselzelle verdeckelt ist, musst du drauf gefasst sein, dass die alte Königin mit einem Teil des Volkes den Stock verlässt. Nach weiteren acht Tagen, also insgesamt nach 16 Tagen, sind die Königinnen schlupfreif. Spätestens jetzt verlässt die „alte" Königin mit dem Schwarm den Stock.

Der Schwarm zieht aus Mit lautem Brausen purzeln hunderte von Bienen gleichzeitig aus dem Flugloch und fliegen in Spiralen nach oben – alle gleichzeitig und alle durcheinander. Das ist unglaublich laut und beeindruckend und macht richtig Gänsehaut! So sammeln sich die Bienen zu einem Schwarm. Dann geht es ab durch die Mitte – auf der Suche nach einer neuen Bleibe. Lauf hinterher und schau, wo er sich niederlässt, dann kannst du ihn einfangen.

▼ *Ein großes Schwarm hat sich in einer Tanne niedergelassen.*

Einen Schwarm einfangen

Auch wenn du deine Völker regelmäßig kontrollierst, kann es passieren, dass doch einmal ein Volk schwärmt. Oder ein fremdes Volk hat sich auf den Weg gemacht. Dann wird ein verantwortungsbewusster Imker auch diesen Schwarm einfangen. Lässt man ihn einfach hängen, werden die Bienen ziemlich sicher sterben.

Das brauchst du zum Schwarmfangen

- Jemand, der dir hilft. Fange nie einen Schwarm alleine!
- Eine stabile Leiter.
- Einen Eimer mit Henkel, den du gut halten kannst.
- Einen vorbereiteten Bienenkasten mit Rähmchen, einem fast verschlossenen Flugloch und einem Deckel.
- Einen Wassersprüher (für Blumen).
- Eine Feder oder ein Abkehrbesen zum Kehren.
- Und ganz viel Ruhe!

▼ *Zuerst den Schwarm vom Ast in eine Bienenkiste schütteln.*

Das muss man tun

1. Leiter stabil aufstellen.
2. Hochklettern und schauen, wo der größte zusammen-hängende Teil des Schwarmes sitzt.
3. Schwarm gleich mit der Feindüse des Wassersprühers einnebeln, damit sich die Bienen ein bisschen beruhigen und zusammenziehen.
4. Mit Eimer und Feder ausgestattet nach oben klettern und so viele Bienen wie möglich in den Eimer kehren. Dabei ganz sanft, langsam und mit Bedacht vorgehen. Wenn die Bienen im Eimer wieder anfangen aufzufliegen,

steigst du hinunter und schüttest die Bienen in den vorbereiteten Kasten ein.

5. 2–3 Minuten warten, bis sich die Bienen wieder beruhigt haben und nicht mehr wild herumfliegen.
6. Jetzt musst du ab Punkt 3 alles so oft wiederholen, bis fast alle Bienen im Kasten sind.
7. Den Kasten bis zum Abend in der Nähe stehen lassen, damit die restlichen Bienen noch mit einziehen können.

Kellerhaft Den eingefangenen Schwarm bringst du erst einmal nach Hause. Dort stellst du ihn mit geschlossenem Flugloch für mindestens 24 Stunden in den Keller, um ihn ruhen zu lassen. Du kannst das Volk auch bis zu 36 Stunden im Keller stehen lassen. Dann sollten im Kasten aber schon Rähmchen zum ausbauen vorbereitet sein. Dann wird der Schwarm an seinem neuen Standort aufgestellt. Jetzt musst du ihn regelmäßig füttern und das Flugloch gut einengen.

◄ *Dann die Kiste unter dem Baum aufstellen. Ist die Königin drin, folgen die anderen Bienen nach.*

Mein Volk soll nicht schwärmen

Vielleicht möchtest du ja nicht, dass dein Volk schwärmt. Dann hast du zwei Möglichkeiten, wie du das Schwärmen kontrollieren und nachahmen kannst.

▶ **Schwarmvorwegnahme**
Eine Schwarmvorwegnahme machst du erst, wenn die erste Weiselzelle verdeckelt ist. Und das musst du tun:

1. Eine Zarge mit vier gedrahteten Rähmchen und Anfangsstreifen vorbereiten.
2. Eine Futtertasche mit 500 g Futterteig einhängen.
3. Wenn die erste Weiselzelle verdeckelt ist, fängst du die alte Königin aus dem Stock und setzt sie mit einer Wabe mit Honig in die vorbereitete Zarge. Auf diesem Rähmchen dürfen keine Weiselzellen und keine Brut sein.
4. Dann kehrst du von 10 Bruträhmchen die Bienen herunter.
5. Anschließend machst du den Deckel drauf und stopfst zusätzlich noch das Flugloch zu.

Diesen vorweggenommenen Schwarm stellst du für zwei bis drei Tage in den Keller. Danach kannst du ihn zwar auch wieder an den ursprünglichen Standort zurückstellen. Wenn es aber irgendwie möglich ist, ist es besser, du stellst den vorweggenommenen Schwarm an einem anderen Standort auf.

▼ *Eine leere Zarge wartet auf neue Bewohner. Der Ableger kann sich hier allmählich ausbreiten.*

▼ *Futterwaben und Brutwaben werden auf mehrere Zargen aufgeteilt.*

▶ **Wie geht es weiter?**

Die alte Königin und ein großer Teil der Bienen sind jetzt weg und leben im neuen Volk weiter. Nun kann es mit dem Rest des Volkes so weiter gehen:

1. Das alte Volk bleibt weiter bestehen. In diesem Fall lässt du im alten Volk eine, maximal zwei Schwarmzellen übrig – aus ihnen schlüpft die neue Königin. Die restlichen Schwarmzellen brichst du alle aus.
2. Oder du machst aus dem alten Volk einfach mehrere Ableger. Bedenke aber, dass du für jeden Ableger eine extra Zarge, einen Boden, einen Deckel und eine Blechhaube brauchst.

▼ *Achte darauf, dass auf jeden Fall offene Brut mit im neuen Ableger ist.*

▶ **Ablegerbildung**

Ableger kannst du aus einem starken Volk bilden, das noch nicht in Schwarmstimmung ist, das heißt, wenn noch keine Weiselzellen angelegt sind.

1. Nimm je eine Honigwabe, eine mit Pollen, eine mit offener Brut bzw. Eiern und eine mit verdeckelter Brut und gibt sie in eine neue Zarge.
2. Dazu hängst du ein gedrahtetes Rähmchen mit Anfangsstreifen.
3. Dann kehrst du die Bienen von drei Brutwaben dazu.
4. Achte darauf, dass du nicht aus Versehen die Königin mit hineinkehrst.
5. Stelle das Volk an einem anderen Standort auf und versorge es mit 500 g Futterteig.
6. Enge das Flugloch so ein, dass nur zwei Bienen nebeneinander raus und rein können.
7. Kontrolliere die Ableger und Schwärme wöchentlich und füttere sie gut.

▶ **Gute Pflege ist ganz wichtig**

Je besser du diese jungen Völker pflegst, desto gesünder gehen sie in den Winter. Sie brauchen genügend Rähmchen, die sie ausbauen können. Die solltest du aber erst nach und nach dazuhängen, nicht alle auf einmal. Lies dazu auch noch ab Seite 74 über die Spätsommerpflege.

Imkern im Frühling

Im Frühling gibt es für dich als Imker ganz schön viel zu tun. Los geht es mit der ersten Durchsicht deiner Völker ungefähr im April. Schnell wächst das Volk und du musst neue Zargen aufsetzen, damit es genug Platz hat. Bald beginnen die Arbeiterinnen auch erste Weiselzellen zu bauen, und du musst regelmäßig kontrollieren, ob deine Völker in Schwarmstimmmung kommen. Eine spannende Zeit! Vielleicht fliegt ein Schwarm davon und du musst ihn einfangen. Oder du machst eine Schwarmvorwegnahme, um genau das zu verhindern. Was hast du in diesem Frühjahr beobachtet? Wann sind deine Bienen zum ersten Mal geflogen, wann wollten sie schwärmen? Wenn du magst, kannst du deine Beobachtungen hier aufschreiben.

Frühling

Sommer

Herbst

Winter

Frühsommer: Es wird wärmer

Die Obstbäume sind schon längst verblüht und die leuchtend gelben Rapsfelder verblassen langsam. An den Straßenrändern findest du stattdessen leuchtend roten Klatschmohn und der Holunder schmückt sich mit seinen weißen Blüten. Jetzt weißt du, dass der Frühsommer begonnen hat.

Was machen die Bienen?

Um diese Jahreszeit sind sehr viele Bienen im Bienenvolk und es kommen ständig junge nach. Und diese Jungbienen sind richtig arbeitseifrig. Zum einen sollen sie Bienenwaben ausbauen. Das können sie im Drohnen- bzw. Baurahmen tun – aber das allein genügt manchmal nicht. Du kannst dann im Honigraum gedrahtete Rähmchen einhängen, in denen du einen Anfangsstreifen einer Wabe eingelötet hast. Dann werden diese Rahmen überwiegend mit

▲ *Klatschmohn – der Frühsommer beginnt.*

▼ *Weißer Holunder – jetzt kannst du Honig schleudern.*

Arbeiterinnenzellen ausgebaut. Zum anderen übernehmen die Jungbienen die Brutpflege, sodass die Königin auch immer mehr Eier legen kann. Das sind im Frühsommer bis zu 2 000 Eier am Tag. Gleichzeitig wird ganz viel Honig und Pollen in den Waben eingelagert.

! *Trachtangebot bedeu-*
● *tet: Wie viele Pflanzen blühen? Wie viel Nahrung können die Bienen finden?*

Was machst Du als Imker?

Für dich als Imker ist der Frühsommer die Zeit, in der du am meisten zu tun hast. Bei der wöchentlichen Schwarmkontrolle schaust du nach, ob die Bienen genügend Platz haben. Je nach Trachtangebot kann es durchaus sein, dass du eine vierte Zarge mit gedrahteten Rähmchen mit Anfangsstreifen aufsetzen musst (wie das geht, steht auf Seite 51). So verhinderst du, dass der Honig unten im Brutraum eingelagert wird. Das wäre blöd, denn die Königin braucht ja Platz für die Eier. Jetzt ist es auch an der Zeit, den Blütenhonig zu schleudern. Du solltest dabei aber auf keinen Fall den ganzen Honig aus den Völkern herausholen. Wenn es

◣ *Im Volk schlüpfen nun täglich sehr viele Jungbienen.*

▼ *Im Bienenstock wird es immer voller.*

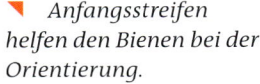
▲ *Die Bienen bilden beim Bauen eine Kette.*

◥ *Anfangsstreifen helfen den Bienen bei der Orientierung.*

nämlich direkt nach dem Schleudern regnet, können die Bienen nichts sammeln. Dann leiden sie Hunger und das willst du auf jeden Fall vermeiden.

Wollen die Bienen schwärmen? Wenn du Schwarmstimmung bei deinen Völkern bemerkst, also Weiselzellen entdeckst, hast du zwei Möglichkeiten: Du lässt das Volk schwärmen oder du nimmst den Schwarm vorweg, wie ich es auf Seite 58 beschrieben habe. Willst du im nächsten Jahr mehr Bienenvölker haben, ist jetzt die richtige Zeit, um Ableger zu bilden. Auch darüber liest du auf Seite 59.

Haben die Bienen genug Futter? In vielen Gegenden Deutschlands blüht nach dem Raps fast nichts mehr. Außerdem werden die Wiesen zu oft gemäht, dann blühen auch dort keine Blumen, an denen die Bienen Nektar und Pollen sammeln können. Stehen deine Bienen auf einer blühenden, ungemähten Streuobstwiese oder in einem

Wohngebiet, finden sie in den umliegenden Gärten immer blühende Pflanzen. Jetzt blühen auch die Linden in den Parks. Schön, wenn das für die Bienen alles in erreichbarer Nähe ist. Und wenn nicht? Dann musst du mit deinen Bienen wandern und brauchst dazu die Hilfe eines Erwachsenen. Es ist also besser, gleich den richtigen Standort zu wählen, an dem die Bienen das ganze Jahr über gut mit Nektar und Pollen versorgt sind.

Wenn der weiße Holunder blüht oder die Honigwaben zu mindestens zwei Dritteln verdeckelt sind, kannst du den Honig ernten.

▲   *Bald ist es so weit: Du kannst deinen eigenen Honig genießen.*

▶   *Der Honig ist fertig, die Waben werden jetzt verdeckelt.*

Mehr Blumen für Bienen

Du kannst in eurem Garten oder an deinem Standort das Saatgut der „Blühenden Landschaft" aussäen (siehe Seite 93). Darin sind Samen von heimischen Wild- und Kulturkräuter enthalten. Einmal ausgesät, blühen sie jedes Jahr wieder.

Honig ernten

▶ **Es ist so weit**

Die Honigwaben in den oberen Zargen sind fast alle verdeckelt und du kannst deinen eigenen Honig ernten. Normalerweise ziehst du beim Honigernten die Honigwaben aus der Zarge, kehrst sie ab und hängst sie in eine bereitgestellte leere Bienenkiste, auf die du dann ganz schnell den Deckel wieder drauf machst. Beim Abkehren fliegen meist sehr viele Bienen auf. Sie sind natürlich überhaupt nicht begeistert, wenn du ihnen den Honig klaust. Wenn du dabei nicht ganz cool bleibst, kann es leicht passieren, dass bei dir und den Bienen ziemliche Unruhe entsteht. Außerdem sind die einzelnen Honigwaben recht schwer, es ist also eine wirklich anstrengende Arbeit, bei der dir auch immer ein Erwachsener helfen sollte.

▶ **Vorsicht Räuberei**

Sobald Bienen den Duft von Honig oder Zuckerlösung wahrnehmen, werden sie richtig gierig. Es kann dann sogar passieren, dass sie andere Völker überfallen und dort versuchen, den Honig zu rauben. Du solltest deshalb bei der Honigernte oder auch beim Füttern immer darauf achten, dass die Bienen nicht an die Honigwaben oder das Futter gelangen können.

▼ *Bienenflucht: Die Bienen kriechen oben hinein und unten (Pfeil) wieder heraus.*

▼ *Am nächsten Morgen ist die Honigzarge bienenfrei. Du musst sie nur noch mitnehmen.*

► Der Trick mit der Bienenflucht

Die ganze Arbeit und Hektik beim Abkehren kannst du dir allerdings erspa-
ren, indem du eine sogenannte Bienenflucht verwendest. Wie die funktioniert,
siehst du auf dem Foto unten links.
Die Bienenflucht wird am Nachmittag
vor der Honigernte über dem Absperrgitter und damit unter den Honigzargen
eingelegt. Jetzt sind die Bienen im
Honigraum von der Königin getrennt.
Durch die Luftlöcher in der Bienenflucht
können sie das Pheromon der Königin
aber noch riechen. Also suchen sie genau
an dieser Stelle, ob es irgendwo ein Loch
gibt, durch das sie schlüpfen können, um

wieder beim Volk und der Königin zu
sein. So kriechen alle Bienen nach unten,
doch der Weg zurück nach oben ist nun
versperrt. Am nächsten Tag sind die
Honigräume dann wie leergefegt und du
brauchst sie nur noch mitzunehmen.
Abkehren und Umhängen der Honigwaben ist nicht mehr nötig.
Nach dem Schleudern bringst du die
Zargen mit den leeren Waben wieder
zurück. Die Bienenflucht nimmst du
heraus, sodass alle Zargen wieder mitei-
nander verbunden sind. Solltest du das
Absperrgitter herausgenommen haben,
legst du es ein, bevor du die leeren Honigzargen wieder aufsetzt.

▼ *Ohne Bienenflucht musst du zuerst die Bienen von jeder Hongwabe kehren.*

▼ *Dann hängst du sie in eine leere Zarge und machst diese schnell wieder zu.*

Honig schleudern und abfüllen

Die vollen Honigwaben hast du nun nach Hause gebracht. Jetzt kannst du den Honig aus den Waben schleudern – ein aufregender Moment.

▶ **Honigschleuder**
Manche Vereine bieten an, dass du deinen Honig mit der Schleuder vom Verein schleudern kannst. Sollte es dieses Angebot bei euch nicht geben, kaufst du dir am besten eine gebrauchte, preiswerte, handbetriebene Schleuder, die zwischen drei und sechs Waben fasst. Wenn du höchstens fünf Völker hast, reicht das.

▶ **Entdeckelungsgabel**
Damit entfernst du die Wachsdeckel von den Zellen. Die Gabel ist ziemlich spitz!

Die Zellen werden von unten nach oben entdeckelt. Deine Hand hält die Wabe an der Seite fest, auf keinen Fall aber oben. So vermeidest du, dass du dich verletzt, falls du abrutschst. Die Wabe muss auf beiden Seiten entdeckelt werden, dann kannst du sie schleudern.

▶ **Honigsieb und Eimer**
Ein Doppelsieb wird auf einen Eimer gelegt, das ganze kommt unter den Auslauf der Schleuder. Damit filterst du Wachspartikel aus dem Honig. Als Honigeimer kaufst du dir Plastikeimer, in die eine Menge von 12 kg Honig hineinpasst. Jetzt kann es mit dem Schleudern losgehen. Im Honigeimer muss der Honig für zwei bis drei Tage stehen bleiben, damit

▼ *Die Honigwabe ist fast vollständig verdeckelt, jetzt kann sie geschleudert werden.*

▼ *Vor dem Schleudern werden die Wachsdeckel mit der Entdeckelungsgabel entfernt.*

er sich „klären" kann. Dabei kommen kleine Schwebstoffe nach oben, die sich als weißer Schaum absetzen. Diesen Schaum schöpfst du vorsichtig und gründlich ab. Du kannst ihn als Futter für die Ableger verwenden.

▶ Rührer

Je nach Sorte wird Honig mehr oder weniger schnell fest. Mancher Honig kristallisiert grob aus, mancher eher fein. Du kannst es aber auch steuern, wie der Honig werden soll. Entweder du rührst in mehrere Tage hintereinander, damit er feincremig wird. Dafür gibt es spezielle Rührer zu kaufen, manche kann man sogar mit einer Bohrmaschine antreiben. Oder du kannst dir einen feincremigen

▼ *Der Honig ist geschleudert und gerührt, jetzt kannst du ihn in Gläser abfüllen.*

Alles muss sauber sein

Honig ist ein Lebensmittel und darum muss man damit sehr sorgfältig umgehen. Es ist ganz wichtig, dass der Raum, in dem du arbeitest, und alle Geräte – Schleuder, Sieb, Honigeimer, Rührer und Gläser – ganz sauber sind. Und auch du solltest die vorher unbedingt gründlich die Hände waschen.

Honig bei einem anderen Imker oder im Bioladen besorgen. Von diesem Honig rührst du 50 g in deinen Eimer mit 12 kg Honig. Nimm dir viel Zeit zum Rühren, der zugefügte Honig muss gleichmäßig verteilt werden. Das Ganze jetzt noch einen Tag stehen lassen und dann gleich in Gläser füllen.

▶ Gläser und Etiketten

Am einfachsten kannst du den Honig in Gläser abfüllen, wenn dein Eimer einen Auslaufhahn hat. Fülle die sauberen Gläser bis zum Rand und schraube sie gleich fest zu. Klebe auch ein Etikett auf deine Gläser. Nur wenn der Honig verkauft werden soll, gibt es Vorschriften, was auf dem Etikett stehen muss: das Wort „Honig", Name und Adresse des Imkers, die Honigmenge , die Mindesthaltbarkeit, eine sogenannte „Losnummer" und das Herkunftsland.

Hochsommer und Spätsommer

Der Hochsommer fängt an, wenn die Kirschbäume voller reifer Kirschen hängen und die Getreidefelder langsam gelb werden. Die Luft riecht wieder ganz anders – schnupper mal. Am 21. Juni ist Sommersonnenwende, das ist der Tag mit dem längsten Tag und der kürzesten Nacht. Jetzt hat die Sonne ihre größte Kraft, sie lässt alles reifen. Wenn dann die Kläräpfel geerntet werden und die Früchte der Eberesche rot werden, ist schon Spätsommer. Die Tage werden kürzer, der Sommer geht langsam zu Ende.

Was machen die Bienen?

! *Trachtquelle nennt man Pflanzen, an denen Bienen Nektar und Pollen sammeln.*

Jetzt sind die Bienenvölker am größten – zwischen 20 000 und 50 000 Bienen leben in einem Volk. Wenn nun noch eine gute Trachtquelle vorhanden ist, wird noch einmal ordentlich Honig eingetragen, weil jetzt besonders viele Sammelbienen im Volk sind.
Doch kaum werden die Tage kürzer, beginnen die Bienen, sich auf den Herbst einzustellen: Die Königin legt weniger Eier, es sterben mehr alte Bienen als neue schlüpfen und die Drohnen werden aus dem Volk vertrieben.

Was machst du als Imker

Im Hochsommer müssen die Ableger und Schwärme weiter gefüttert werden, sie wachsen immer noch! Vielleicht musst du schon die zweite Zarge aufsetzen. Mit der Schwarmkontrolle machst du weiter, bis mindestens drei Wochen hintereinander keine Weiselzellen mehr im Volk sind. Ende Juli kannst du den Sommerhonig ernten und schleudern. Jetzt ist die Gefahr der „Räuberei" besonders groß. Lasse darum keine Waben offen herumstehen, öffne die Völker nur so kurz wie möglich und bringe die Zargen mit den Honigwaben schnell in einen bienendichten Raum. Aber denke daran: Nimm nicht den ganzen Honig heraus. Die Bienen müssen immer etwas Vorrat haben.

Im Spätsommer musst du sehr gut für deine Bienen sorgen. Du behandelst die Bienen gegen die Varroamilbe und fütterst den ganzen Futtervorrat für den Winter. Das nennt man Spätsommerpflege.
Ganz am Anfang des Buches habe ich schon einmal geschrieben, dass es ganz wichtig ist, nur starke Völker einzuwintern. Im Frühling müssen viele Winterbienen da sein, die die Brut pflegen. Und diese Winterbienen schlüpfen gerade jetzt – pflege sie gut! Wenn du von Anfang an zu kleine Völker in den Winter schickst, werden sie spätestens im nächsten Frühjahr sterben.

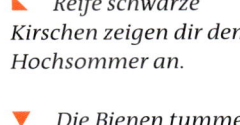
Reife schwarze Kirschen zeigen dir den Hochsommer an.

Die Bienen tummeln sich in der Sommerhitze.

Kampf den Varroamilben

▶ **Gefährliche Parasiten**

Von der Varroamilbe hast du sicher schon gehört. Diese Milbe kann für deine Bienen sehr gefährlich werden. Sie ernährt sich vom „Blut" der Bienen und Larven und schwächt sie dadurch. Außerdem kann sie dabei viele weitere Krankheiten übertragen, sodass das ganze Volk krank wird und sogar sterben kann. Darum ist es sehr wichtig, dass du deine Völker gegen diesen schlimmen Parasiten behandelst. Und zwar nicht nur, damit deine Bienen gesund bleiben, sondern auch, damit sich andere Völker nicht anstecken. Wie das geht, erkläre ich dir jetzt ganz genau:

▶ **Drohnenrahmen als Milbenfänger**

Die Varroamilbe sitzt am liebsten in der Drohnenbrut, weil die Varroa und der Drohn die gleiche Entwicklungszeit haben. Das heißt, mit dem Drohnenrahmen kannst du die Milben aus dem Volk locken. Die Milben setzen sich zu der Brut in die Zellen und werden mit verdeckelt. Den verdeckelten Drohnenrahmen nimmst du aus dem Volk, wenn alle Zellen geschlossen sind. Wenn du das regelmäßig alle zwei Wochen machst, kannst du viele Milben auf einmal aus dem Volk entfernen.

Bienenbrut stirbt ziemlich schnell, wenn sie unterkühlt. Die Milben halten aller-

▼ *Die Varroamilben sitzen an Drohnenlarven und ernähren sich von ihrem Körpersaft.*

▼ *Milben auf erwachsenen Bienen zeigen einen hohen Milbenbefall an.*

dings länger durch. Um Milben und Drohnenlarven möglichst schnell und schmerzfrei abzutöten, legst du die ausgeschnittene Wabe über Nacht ins Tiefkühlfach. Danach kannst du die Zellendeckel mit einem Messer öffnen und Brut und Milben einfach ausklopfen. Bitte niemals draußen auf dem Komposthaufen entsorgen, sondern in eine Tüte geben und in den Restmüll werfen. Das Wachs kannst du einschmelzen.

▶ **Oxalsäurebehandlung**
Oxalsäure kann nicht wie die Ameisensäure (darüber liest du auf Seite 74) durch die Wachsdeckel in die Zellen eindringen. Darum kann man sie nur im Winter oder bei Schwärmen anwenden, wenn keine verdeckelten Brutzellen im Volk sind. Die sicherste Anwendung der Oxalsäure ist die Träufelmethode. Du benötigst:

- Die Hilfe eines Erwachsenen!
- Handschuhe, Schutzbrille und eine 50 ml Einwegspritze als Träufelhilfe.
- Fertige 3,5 %ige Oxalsäuredihydritlösung (z. B. von Serumwerk Bernburg oder Bio Vet AG).

Pro Volk gibst du mit Hilfe der Spritze zwischen 30 ml (bei Einzargern) und 50 ml (bei Zweizargern) Lösung in die mit Bienen besetzten Wabengassen.

▼ *Baurahmen als Varroafalle: Die verdeckelte Brut wird regelmäßig ausgeschnitten.*

▼ *Im Winter, wenn keine Brut im Volk ist, werden die Bienen mit Oxalsäure behandelt.*

Spätsommerpflege

Ameisensäure für gesunde Bienen

! *Bei der Ameisensäure-*
behandlung muss dir
immer ein Erwachse-
ner helfen.

Durch die Honigentnahme hast du die Völker bereits auf
zwei Zargen eingeengt. Ein bis zwei Tage nach dem Ab-
schleudern machst du eine Ameisensäurebehandlung
gegen die Varroamilben. Diese Behandlung ist sehr wichtig,
weil sie die einzige Methode ist, die Milben in der verdeckelten Brut abtötet. Die Milben, die jetzt im Volk sind,
verteilen sich nämlich auf eine kleinere Menge an Brut. Das
heißt, es sind mehr Milben in jeder Brutzelle. Und da aus
den Larven in den Zellen die wichtigen Winterbienen
schlüpfen, die bis zum Frühjahr überleben müssen, dürfen
sie auf keinen Fall durch Milben geschwächt werden.
Diese Behandlung solltest du sehr ernst nehmen. Sie kann
über Leben und Tod vieler Bienen entscheiden.

▶ *Diese Schublade*
schiebst du ein, um zu
sehen, wie viele Varro-
amilben bei der Behand-
lung herunterfallen.

Du brauchst
- Die Schublade, sie wird unten in den Gitterboden geschoben, um Milben aufzufangen. Die Ameisensäure verdampft so außerdem langsamer.
- Ein Schwammtuch 20 × 20 × 0,5 cm aus dem Supermarkt.
- Ameisensäure 60 % (ad us. vet.), du bekommst sie im Imkerfachhandel.
- 50 ml Spritze, Gummihandschuhe, Schutzbrille.

So wird's gemacht
- Bei 15–25 °C das Schwammtuch mit Ameisensäure (60 %) oben auf die Rähmchen legen.
- Zweiräumige Völker bekommen 2 ml Ameisensäure pro Wabe, ein Volk mit 20 Waben also 40 ml.
- Einräumige Völker bekommen 2,5 ml Ameisensäure pro Wabe, ein Volk mit 10 Waben also 25 ml.

Nach zwei Tagen entfernst du das Schwammtuch wieder und beginnst mit dem Einfüttern.

Achtung! Ameisensäure ist ätzend und du kannst dich damit verletzen. Trage deshalb immer säurefeste Handschuhe und eine Schutzbrille und lass dir von einem Erwachsenen helfen.

Doch hierzu gibt es auch einen kleinen Trick: Bewahre die Ameisensäure für die Behandlung im Kühlschrank auf, dann braucht sie länger, bis sie die Verdunstungstemperatur erreicht. So kannst du die Gefahr, dich zu verätzen, ein bisschen verringert.

Achte auf die Außentemperatur Da die Ameisensäure verdunstet, spielen die Außentemperaturen natürlich eine wichtige Rolle. Je wärmer es ist, desto schneller verdunstet die Säure.

Bei über 25 °C gar nicht oder erst abends behandeln, wenn es kühler geworden ist.

▼ *Das Volk wird mit Ameisensäure behandelt.*

Futter für hungrige Bienen

Als Imker nimmst du den Bienen ihren Wintervorrat weg, wenn du den Honig erntest. Damit deine Bienen nicht verhungern, musst du sie nun mit Zuckerwasser füttern. Aus dem Zuckerwasser können sie sich vor dem Winter einen neuen Vorrat anlegen.

Du brauchst

- Pro Volk einen 12-kg-Honigeimer.
- Pro Volk 19–21 kg Zucker. Daraus stellst du die Zuckerlösung im Verhältnis 3:2 her.
- Einen Messbecher.
- Korken oder anderes Schwimmermaterial, damit die Bienen auf dem Zuckerwasser schwimmen können.

Den Zucker mischst du mit dem Wasser in einem großen Honig-Hobbock, den es im Imkerfachhandel gibt. Auch an diesen großen Kübel kannst du einen Auslaufhahn

▲ Den Eimer stellst du auf die obere Zarge. Die Bienen haben das Futter schon entdeckt

▼ Gibt Korken oder Stroh als Schwimmhilfe in den Futtereimer.

machen. Nimm heißes Wasser, dann löst sich der Zucker besser auf, und rühre kräftig um. Danach abkühlen lassen, die Zuckerlösung in Honigeimer füllen und „Schwimmer", z. B. Korken oder Stroh, oben drauf geben.

So wird gefüttert Zuerst engst du die Fluglöcher ein – nur noch zwei Bienen sollten gleichzeitig durchpassen – damit es keine Räuberei gibt. Dann nimmst du den Deckel vom Volk und klappst die Folie zur Hälfte zurück. Jetzt stellst du eine weitere Zarge ohne Rähmchen auf die Völker. Dort hinein stellst du den Eimer mit dem Futter und den Schwimmern und machst den Deckel darauf. Die Bienen werden den Eimer – je nach Witterung und Volksstärke – innerhalb einer Woche leeren. Wenn du jedes Wochenende einen Eimer mit 9 Litern Zuckerwasser fütterst, bist du nach 3 Wochen fertig. Wenn alle Völker 27 Liter Zuckerwasser in die Waben eingelagert haben, machst du die zweite Ameisensäurebehandlung wie auf Seite 74 und 75 beschrieben.

Notiere dir die Futtermengen pro Volk genau, sodass du dir sicher sein kannst, dass jedes Volk genügend Futter bekommen hat.

▼ *Über den Futtereimer kommt eine leere Zarge, Deckel drauf – fertig.*

Zuckerwasser mischen

Jedes Volk muss mit 19–21 kg Zucker gefüttert werden. Den Zucker musst du in Wasser auflösen und zwar immer drei Teile Zucker auf zwei Teil Wasser. Man nennt das „Verhältnis 3:2" und das machst du so:

Zucker	Wasser
3 Teile	2 Teile
21 kg	14 kg = 14 l

Das ergibt dann am Ende 27,3 l Zuckerwasser pro Bienenvolk. Am besten löst sich der Zucker, wenn du zum Mischen warmes Wasser verwendest. Und immer gut umrühren.

Imkern im Sommer

Zwei Dinge sind im Sommer besonders wichtig für dich: Die Honigernte und die Behandlung der Bienen mit Ameisensäure. Los geht es mit der Honigernte. Sobald so gut wie alle Waben in der Honigzarge verdeckelt sind, kann es losgehen. Wie fleißig waren deine Bienen? Wie viel Honig kannst du ernten? Und wie schmeckt er? Das kannst du dir hier notieren. Nach der Honigernte müssen die Bienen mit Ameisensäure behandelt werden. Das ist sehr wichtig, damit sie gesund bleiben! Danach fütterst du sie mit Zuckerlösung, damit sie sich einen neuen Wintervorrat anlegen können.

Frühling

Sommer

Herbst

Winter

Frühherbst:
Tag- und Nachtgleiche

Am 23. September ist Herbstanfang, also wieder Tag- und Nachtgleiche. Am Schwarzen Holunder hängen die ersten dunklen Beeren, die Haselnüsse werden reif und auf den Wiesen blühen die Herbstzeitlosen – es ist Frühherbst. Die Tage sind schon sehr viel kürzer und die Nächte werden manchmal schon kalt. Tagsüber ist es aber oft noch schön warm. Mit dem Trachtangebot für die Bienen wird es jetzt langsam recht eng. Immer häufiger kommt es aber vor, dass die Bauern auf ihren Feldern Phacelia oder Senf als Zwischensaat aussäen. Dann finden die Bienen hier noch einmal sehr viel Pollen, den sie als Vorrat einlagern können. Das ist gut, denn Blütenpollen sind eine wirklich wichtige Eiweißnahrung für den Winter, aber vor allem auch für die neue Brut im nächsten Frühjahr.

▲ *Das Gitter schützt deine Bienen im Winter vor Mäusen.*

▼ *Phacelia und Senf blühen auch noch im Herbst.*

Was machen die Bienen?

Die Bienen lassen jetzt in ihrer Bruttätigkeit stark nach. Sie stellen sich auf den Winter ein. Sie produzieren Propolis, um alle Ritzen und Spalten im Bienenvolk abzudichten. Propolis besteht aus Baumharz, das die Bienen von verschiedenen Bäumen sammeln. Im Stock wird das Baumharz mit Wachs, Pollen und Speichelsekret angereichert und so zu Propolis verarbeitet. Propolis ist griechisch und heißt „vor der Stadt". Der Name beschreibt schon, was das Propolis kann: Es befindet sich „vor der Stadt" und schützt das Bienenvolk vor Krankheiten. Und auch uns Menschen hilft es gegen viele Krankheitserreger.

Was machst Du als Imker?

Du kontrollierst, ob die obere Zarge gut mit Futterwaben gefüllt ist. Jetzt kannst du die Schublade wieder aus dem Gitterboden herausziehen.

▼ *Mit Propolis dichten die Bienen alles ab. Das schützt sie vor Kälte und Krankheiten.*

Vollherbst und Spätherbst: Die Natur kommt zur Ruhe

Im Vollherbst werden Äpfel und Quitten geerntet, die Kastanien fallen von den Bäumen und die Walnüsse sind ebenfalls reif. Sehr viele Vögel sind jetzt in den Süden gezogen, draußen wird es immer stiller. Bald gibt es immer mehr Nebel. Die Bauern ernten ihre Rüben und die Kastanienbäume werfen ihr Laub ab. Es ist Spätherbst, die Natur ist grau, dunkel, trist und fast wie tot.

Was machen die Bienen?

Je nach Temperatur reduzieren die Bienen ihren Flugbetrieb um diese Jahreszeit immer mehr. Wenn du deine Bienen im Stadtgebiet stehen hast, werden sie natürlich viel länger fliegen als draußen auf dem freien Feld. In der Stadt ist es einfach wärmer und das Angebot an Blütenpflanzen ist auch im Vollherbst noch größer. Die Bienen rücken enger zusammen, um sich gegenseitig warmzuhalten. Sinken die Außentemperaturen unter 6 °C, ziehen sich die Bienen in ihrer Wintertraube zusammen und es gibt nur noch ganz wenig Brut.

▼ *Bau doch für den nächsten Sommer ein Wildbienenhotel.*

Was machst Du als Imker?

Für dich gibt es jetzt nichts mehr zu tun. Du kannst nur noch abwarten, dass es so kalt wird, dass du die Winterbehandlung durchführen kannst. Aber vielleicht schmiedest du ja schon Pläne für das nächst Jahr oder baust eine Nisthilfe für Wildbienen.

Imkern im Herbst

Die Tage werden kürzer, die Bienen finden nicht mehr so viel Nahrung, und auch für dich gibt es immer weniger zu tun. Mache deine Bienen jetzt winterfest. Du musst sie nicht warm einpacken – im Gegenteil, die Bienen sollen spüren, dass es draußen kalt wird, und sich auf den Winter einstellen. Aber bringe auf jeden Fall die Fluglochkeile oder ein Gitter am Flugloch an, damit sich keine Mäuse in den Beuten einnisten. Hast du schon Pläne für das nächste Jahr? Hier kannst du sie dir aufschreiben. Rechtzeitig planen ist nämlich sehr wichtig. Vielleicht willst du im nächsten Jahr mehr Völker haben, dann kannst du jetzt schon die entsprechenden Vorbereitungen treffen. So startest du gut gerüstet ins Frühjahr.

Frühling

Sommer

Herbst

Winter

Winterruhe: Die Natur schläft

Nach Halloween oder Allerheiligen beginnt die Winterruhe. Anfang bis Mitte November kam bisher immer die erste Frostperiode. Doch da das Wetter in den letzten Jahren immer wärmer wird, ist das nicht immer so eindeutig. In der Natur passiert jetzt nichts mehr. Die Bäume sind kahl, es gibt keine Blumen mehr und viele Tiere halten nun Winterruhe oder Winterschlaf. Wer wach ist, muss sich Mühe geben, um noch genügend Futter zu finden.

Was machen die Bienen?

Wenn es länger Frost gibt, stellen die Bienen das Brüten ganz ein. Sie sitzen in der Wintertraube und ernähren sich von ihren Vorräten. Innen in der Traube sitzt die Königin warm und geschützt bei kuschligen 20 °C. Wenn kein Frost kommt, brüten sie aber immer ein bisschen vor sich hin.

◀ *Wer keinen Winterschlaf hält, muss sich ganz schön anstrengen, im Winter genügend Futter zu finden.*

Wenn es schneit Der Januar ist der kälteste Monat im Winter. Wenn Schnee fällt, passiert es, dass das Flugloch zugeschneit wird. Durch die Wärme, die aus dem Bienenvolk kommt, schmilzt der Schnee meistens weg. Wenn der Schnee aber nur antaut und abends dann wieder gefriert, gefriert unter Umständen auch das Flugloch zu. Dann bekommen die Bienen nicht mehr genügend frische Luft. Deswegen sind Kontrollgänge zum Bienenstand ganz wichtig. Dabei kannst du das Flugloch dann vorsichtig freifegen.

Auch Bienen müssen mal Meistens gibt es im Januar auch ein oder zwei warme Tage, an denen ein Teil der Winterbienen nach draußen kann. Nach dem langen Winter müssen sie nun ganz dringend ihre Kotblase leeren. Man nennt das

▼ *Die Bienen schlummern in ihren schneebedeckten Wohnungen.*

Reinigungsflug. Wenn das Thermometer über 10 °C steigt, lohnt es sich, den Bienen zuzuschauen. So kannst du auch gleich erkennen, welche Völker bis jetzt den Winter gut überstanden haben.

Was machst Du als Imker?

Im Winter gibt es für den Imker nicht so viel zu tun. Du kannst dein Arbeitszeug in Ordnung bringen, vielleicht hast du Lust, selbst Kerzen zu ziehen oder Etiketten für deine Honiggläser zu entwerfen. Nur ab und zu machst du einen Kontrollgang zu deinen Völkern. Sobald es drei bis vier Tage lang Frost gibt, machst du mit Hilfe eines Erwachsenen die Oxalsäurebehandlung, die auf Seite 73 beschrieben ist.

▼ *Jetzt hast du Zeit zum Schlitten fahren oder Kerzen basteln.*

Kerzen selber machen

Kerzen gießen und ziehen macht einfach riesig Spaß und ich liebe es sehr, wenn dabei der herrliche Duft von warmem Bienenwachs durch das Haus zieht. Und so wird es gemacht:

▶ Wachs erhitzen

Ich erhitze in einem Einmachtopf das Wasser auf 85 °C und hänge ein Wachsschmelzgefäß mit sauberem Bienenwachs hinein. Beim Kerzengießen kannst du das Wasser aber auch auf dem Herd in einem Topf warm machen und das Wachs in einer Konservenbüchse darin schmelzen. Das Wasser darf auf keinen Fall kochen, sonst kannst du dich verbrennen.

▶ Kerzen gießen

Zum Kerzengießen besorgst du dir Kautschukformen aus dem Imkerfachhandel oder dem Bastelladen. Den dazu passenden Docht bekommst du dort gleich dazu. Achte darauf, einen sogenannten Flachdocht zu kaufen. Der brennt in beide Richtungen und du musst nicht aufpassen, dass du ihn richtig herum in die Kerzenform einziehst. Der Docht wird mit Hilfe von Hölzchen oder großen Büroklammern in die Form gespannt. Die Form wird mit Gummis zusammengehalten, sodass an der Nahtstelle kein Wachs austreten kann. In die so vorbereitete Form gießt du das flüssige Wachs.

▼ *Die Gießformen werden mit Gummibändern fest verschlossen, so läuft kein Wachs aus.*

▼ *Mit einem solchen Tauchkorb kann man gleich mehrere Kerzen auf einmal ziehen.*

Nun musst du einige Zeit warten, bis das Wachs in der Form fest geworden ist. Nach dem Erkalten wird die Kerze aus der Form genommen und der Boden gerade geschnitten.

▶ Kerzen ziehen

Wenn du lange Kerzen ziehen willst, muss dein Wachsschmelzgefäß auf jeden Fall tief genug sein. Hier lohnt sich dann vielleicht die Anschaffung eines Einkochautomats und eines entsprechend tiefen Wachsschmelzgefäßes. Auf diese Art und Weise lassen sich wunderschöne, natürlich geformte Kerzen in allen möglichen Längen und Dicken herstellen. Vielleicht

▼ *Macht Spaß und ist ganz einfach: Kerzen rollen können sogar schon kleine Kinder.*

kennst du das mit dem Kerzenziehen vom Weihnachtsmarkt. Du tauchst einfach den Docht ein und ziehst in wieder heraus – alles in einem gleichmäßigen, ruhigen Tempo. Eintauchen – warten, bis das Wachs etwas abgekühlt und fest geworden ist, – wieder eintauchen – wieder warten – und so weiter. Pro Tauchgang lagert sich nur eine etwa 1 mm dicke Wachsschicht an. Und auch hier ist es ganz wichtig, dass du einen Flachdocht verwendest. Sonst brennt womöglich nur jede zweite Kerze.

▶ Tauchkorb

Wenn du lange Kerzen machen willst, sollte der Docht gespannt sein, sonst werden die Kerzen krumm. Ich habe dafür einen Tauchkorb. An dem kann ich die Länge der Kerzen einstellen. In den Tauchkorb spanne ich den Docht ein und kann mehrere Kerzen auf einmal ziehen.

▶ Kerzen rollen

Die dritte und einfachste Möglichkeit, Kerzen zu basteln, ist sie aus vorgefertigten Mittelwänden zu rollen. Dazu schneidest du einen Docht in entsprechender Länge, legst in an den Rand eines Mittelwandstücks und wickelst das Ganz ganz fest auf. Im Imkerfachhandel bekommst du fertige Sets mit Mittelwänden und passenden Dochten.

Imkern im Winter

Die Natur schläft, die Bienen sitzen in der Wintertraube und auch der Imker hat Pause. Diese Zeit kann man gut nutzen, um die Gerätschaften in Ordnung zu bringen, und vielleicht hast du diesen Winter ja mal Lust, selbst Kerzen zu ziehen. Ganz wichtig ist, dass du in einer Frostperiode die Oxalsäurebehandlung durchführst, damit deine Bienen gut gegen die Varroamilbe geschützt sind. Notiere dir den Termin, dann kannst du über mehrere Jahre vergleichen, wann es so richtig kalt war. Es ist spannend zu sehen, wie unterschiedlich der Winter verlaufen kann.

Service

Lies mal rein

Die Wissenschaftler vom Bieneninstitut in Hohen Neuendorf haben dieses Buch speziell für Jungimker wie dich geschrieben. Hier kannst du noch einmal ausführlicher alles Wichtige nachlesen.

Kaspar Bienefeld
Imkern Schritt für Schritt
Die Wissenschaftler vom Bieneninstitut in Hohen Neuendorf haben dieses Buch speziell für Jungimker wie dich geschrieben. Hier kannst du noch einmal ausführlicher alles Wichtige nachlesen.

Georg Petrausch
Imkern in der Stadt
Vielleicht lebst du ja in der Stadt und hältst dort deine Bienen. Dann ist dieses Buch besonders interessant für dich: Es beschreibt ganz genau, was man als Stadtimker beachten muss und wie man sich mit ein paar einfachen Tricks die Arbeit erleichtern kann.

Dennis Schüler
Die Imkersprechstunde
Dennis Schüler hat eine eigene große Imkerei und kennt sich dadurch mit den Bienen besonders gut aus. Er gibt viele Imkerkurse und erklärt in seinem Buch ganz genau das, was er von vielen Imkern besonders oft gefragt wird.

Geert Staemmler
Imkern rund ums Jahr
Du weißt nun schon, dass der Imker je nach Jahreszeit immer wieder unterschiedliche Aufgaben hat. Dieses Buch ist wie ein Kalender aufgebaut, der dich durch das ganze Jahr begleitet.

Klick dich rein

Im Internet gibt es sehr viele Seiten zum Thema Imkern und auch spezielle Seiten für Kinder. Gib in deiner Suchmaschine einfach mal „Imkern" und „Kinder" oder auch einfach das Stichwort „Honigbiene" ein. Diese Seiten finde ich sehr interessant.

www.bienenkiste.de Vorne im Buch habe ich kurz die Bienenkiste erwähnt, aber nicht genauer beschrieben, wie das Imkern in dieser Kiste funktioniert. Auf diesen Seiten kannst du ganz genau nachlesen, wie man selbst eine Bienenkiste baut und wie man damit imkert.

www.mellifera.de Mellifera e. V. ist ein Verein, der sich für die wesensgemäße, nachhaltige und ökologische Bienenhaltung einsetzt. Unter anderem gibt es die Aktion „Bienen machen Schule", die helfen soll, dass möglichst viele junge Menschen mit Bienen in Kontakt kommen. Und hier bekommst du auch das bienenfreundliche Saatgut von „Blühende Landschaft".

www.hobos.de Die Wissenschaftler der Universität Würzburg haben einen Bienenstock mit Kameras und Messgeräten ausgestattet. Hier kannst du online hineinschauen und sehen, was gerade passiert. Außerdem kannst du interaktiv noch mehr über Bienen lernen und es gibt Materialien für die Schule.

www.hobos.de Der Deutsche Imkerbund e. V. ist der größte Verein für Imkerin Deutschland. Auf seiner Internetseite gibt es einen eigenen Kinder- und Jugendbereich mit vielen Infos, Bienenpostkarten zum Herunterladen und sogar Bienen-Summen als Klingelton für dein Handy.

Schreib doch mal

Wie hat dir das Buch gefallen? Imkerst du nun selbst? Was erlebst du dabei? Ich würde mich sehr freuen, wenn du mir über deine Erfahrungen  mit deinen Bienen berichtest. Schreib mir doch einfach mal ein Mail an meine Adresse **imkerkids@web.de**. Ich antworte dir so schnell ich kann.

Register

Manchmal möchtest du in diesem Buch vielleicht etwas ganz bestimmtes nachlesen.
Dann hilft dir dieses Register, damit du nicht so viel blättern und suchen musst.
Suche dir hier das Stichwort, nach dem du suchst. Dahinter ist dann die Seite angegeben, auf der du mehr zu diesem Thema findest.

Bildnachweis

Mit 106 Foto von Heiko Bellmann (1: S. 62 l), Meike Bosch (1: S. 31 l), Gartenschatz (2: S. 62r, 85), Raimund Helm (1: S. 26), Friedrich Pohl (13 : S. 7, 15 r, 27, 29 l, 48, 51 beide, 53 l, 56, 57, 65 l, 71 r, 72 l), Claudia Salata (4: 23 l, 82, 87, 95), Dennis Schüler (7: S. 2 l, 3 r, 14 r, 46 beide, 47, 73 r), Geert Staemmler (2: S. 42, 86), Elke Trechow (11: S. 8 r, 12, 13 beide, 17, 23 r, 25, 54 l, 63, 69, 73 l), Werner von der Ohe (1: S. 65 r). Alle weiteren Bilder von Claudia, Holger und Nora Bentzien.

Die Illustration auf S. 12 stammt von Sabine Dräbing, Cartoon & Design.
Die beiden Bienen hat Teresa Salata für dieses Buch gemalt.

Impressum

Umschlaggestaltung von eStudio Calamar unter Verwendung zweier Fotos von Claudia Bentzien.

Alle Angaben in diesem Buch erfolgen nach bestem Wissen und Gewissen. Sorgfalt bei der Umsetzung ist indes dennoch geboten. Der Verlag und der Autor übernehmen keinerlei Haftung für Personen-, Sach- oder Vermögensschäden, die aus der Anwendung der vorgestellten Materialien und Methoden entstehen könnten. Auch wenn sich dieses Buch direkt an die Kinder wendet, sind die Erziehungsberechtigten ihrer Aufsichtspflicht nicht enthoben.

Unser gesamtes lieferbares Programm und
Viele weitere Informationen zu unseren Büchern,
Spielen und Experimentierkästen, DVDs, Autoren
und Aktivitäten finden Sie unter **kosmos.de**

MIX
Papier aus verantwor-
tungsvollen Quellen
FSC® C084279

Gedruckt auf chlorfrei gebleichtem Papier

© 2014, Franckh-Kosmos Verlags-GmbH & Co. KG, Stuttgart
Alle Rechte vorbehalten
ISBN 978-3-440-13821-2
Gestaltungskonzept: eStudio Calamar
Gestaltung und Satz: DOPPELPUNKT, Stuttgart
Redaktion: Claudia Salata
Produktion: Eva Schmidt
Printed in Slovakia/Imprimé en Slovquie